세월의 추억

이강국 수필집

독서할 때 당신은 가장 좋은
친구와 함께 있습니다

이은아 Euna Lee

둔덕리에서 바라본 만행산 천황봉

아침부터 저녁까지 사시사철 저 멀리 보이는 천황봉
봄이면 아지랑이 아스라이 피어 희미하게 보이는
봉우리는 높은 곳을 바라보는 소년의 희망이었다

From morning till night,
The distant CheonHwang Peak was visble throughout the four seasons.
In spring, the haze blooms faintly appeared.
The peaks were the hope of a boy looking up to high places.

_____님께 드립니다.

세 월 의   추 억

이강국 수필집

세월의 추억

이강국 수필집

작가의 말:
수필집을 내면서

    어린 시절 추억을 담는다. 60년대 초에 태어나 전기도 안 들어오던 시대, 당시 농촌은 전근대적이었다.
    가난한 농촌 시절, 문명의 필수인 전기가 처음 들어오던 날, 그 무거운 전봇대를 사람이 어깨에 메고 나르는 수고가 있었다. 그리고 전기를 처음 접했다. 그 신비와 환희의 순간을 아직도 잊지 못한다.
    그것으로부터 자석식 전화와 경운기가 처음 들어와 멀리서 바로바로 소식을 전하고 밭갈이와 골 타기 몇 가지 과정을 한 번에 했을 때는 경이로웠다.
    그 후 트랙터 콤바인은 농촌 일이 획기적으로 쉽게 만들었다.
    벼를 훑태로, 호롱이로, 디젤엔진 발동기로 훑어서 가을 코스모스 피는 길가에 벼를 말리는 풍경은 지금도 눈에 선하다.

그 세월 가난하기도 했지만, 사람들은 정말 무지했다. 이후 새마을운동으로 문명화가 되어가는 모든 과정을 수필집으로 발간한다. 전기도 안 들어온 60년대부터 현대 AI 시대의 발전상을 겪은 세대가 세월이 흘러 모든 게 변하여도 그 당시를 기록으로 남기기 위해서다….

고향은 나의 영원한 쉼터이고 고향에서 보낸 어린 시절은 생각만 해도 기분 좋은 추억이다.
자꾸만 쇠락하는 고향 마을 현실이 안타까워 그 소중한 추억을 수필로 남긴다. 먼 훗날 터전이나 생활문화 변하여도 그 시절 기록은 남을 것이라고 믿는다.
이 책이 나오기까지 도움을 주신 김영기, 황성신, 김성근, 김기홍, 진홍원 그리고 고향 친구들께 감사드린다.

차례

작가의 말: 수필집을 내면서　　　　4

제1부
내 고향의 사계

내 고향 둔덕리(둔데기)	12
내가 다녔던 교회	20
박씨 아저씨와 오빠구	30
외갓집 가는 길	33
가을걷이	38
방앗간	44
마을 방송	48
내 고향의 사계	50
오수장 가는 길	54
학교 가는 길	59
여름날의 일기	64
봉천지기 다랑논(천수답)	67
엿장수 약장수	69

	어린 시절 놀이	73
	어린 시절 놀이 기구	84
	우리 동네 귀신 나오는 곳	88
	동네에 전기가 들어오던 날	93

제2부	야생 열매	100
시골 전화와 통신	삼계석문	103
	섬진강 상류 물고기들	109
	시골의 가축과 들짐승들	115
	야생 새들	120
	자연 장난감이었던 곤충들	126
	초가집 불 끄기	130
	시골 아이들의 간식	135
	서도역 가는 길	141
	시골의 세제	150

시골의 전화와 통신　　　　　　　　　153

병 떼기: 추악(학질), 설치, 눈병　　　160

화투치기 그리고 닭서리와 수박서리　168

벌 이야기　　　　　　　　　　　　174

마을에 들어온 미디어 시설　　　　　178

제3부
누구나 본인 세대가
격동기였다

정월 보름날의 놀이　　　　　　　　184

내 유년에 관한 단상　　　　　　　　188

누구나 본인 세대가 격동기라 한다　　191

투명 풍선　　　　　　　　　　　　200

감 이야기　　　　　　　　　　　　203

1968년 학교 강냉이죽　　　　　　　208

고향 가는 길　　　　　　　　　　　211

순창 동계 감밭 가는 길　　　　　　215

벌초와 추석　　　　　　　　　　　219

양반과 6·25전쟁 그리고 새마을운동　223

국민학교 선생님　　　　　　　　　230

철도 이야기　　　　　　　　　　　236

머슴 일과 세경	242
6-70년대의 야한 노래들	248
UFO 에피소드	251
초가집 살림살이	256
열차와 버스	260

제1부

내 고향의 사계

내 고향 둔덕리(둔데기)

나는 지금 1960년대부터 1990년대 초까지 내 고향 전라북도 임실, 순창, 남원 지방의 농촌 생활상을 말하고자 한다.

60년대와 70년대 초의 시골 농업은 조선 시대나 거의 똑같았으리라 생각한다. 농사짓는 방법이나 생활상은 정말 변한 게 없는 것 같다. 단 하나 변한 게 있다면, 벼를 타작하는 것으로 일제강점기 때 들어와 지금 쓰는 홀태 인력으로 하는 호롱기. 우리가 아는 발동기 디젤엔진 도정 방식은 새로운 문명으로 다가설 때다. 가정에서 쓰는 디딜방아, 디딜방아식 물레방아가 서도에 가는 길 돌보에 있었고, 그 후 50년대엔 동력은 물레방아로 돌려 도정 과정이 지금 사용하고 있는 도정 방식과 거의 같았다.

60년대 들어서 디젤 동력이 들어와, 오늘날의 쌀 방아를 찧는 방앗간이 되었다. 일부 지역에선 보리타작을 사람이 도리깨로 종일 내려치는 것이었다. 발동기 동력에 탈곡기를 연결해 타작하는 것을 제외하고는 전과 똑같았다.

  벼는, 볍씨를 보관했다가 소독약을 탄 물에 담가서 이른 봄에 못자리 논에다 뿌렸다. 이후 5월, 6월에 모가 자라면 모를 쪄서, 물이 빠질 때까지 1시간 정도 두었다가, 모춤으로 묶어서 심을 논에 지게로 지거나 달구지('수레'의 비표준어. 또는 일본어)로 실어서 가져간다. 대부분 바작('벌채'의 비표준어)에 짚이나 비료 포대를 반으로 잘라 덧대서 물이 흐르지 않게 하여 지게로 져서 날렸다. 비료 포대를 바닥에 덧대지 않으면 등으로 물이 스며 나와, 지게로 나르기가 어려웠다.

  논을 못자리로 만드는 과정은 100년 전이나 똑같은 것 같다. 그 이전에도 그랬을 것이다. 먼저 소 쟁기로 논을 간 다음, 두루치기(둔덕 만들기)를 하고, 논갈이 흙은 너무 거칠어 모를 심을 수 있도록 흙덩어리를 잘게 부셔야 하는데, 괭이로 흙을 손수 하나하나 골라야 하는데 몇 사람이 종일 해도 끝나지 않으므로 며칠을 해야 했다. 그다음에 써레라는 서까래 같은 나무에 작은 나무 송곳으로 말뚝을 몇십 개 박은 다음에 뗏목처럼 연결해서 소에다 매달고, 온종일 이리 갔다 저리 갔다 하며 논바닥을 돌아다닌다. 흙이 잘게 부서지게 한 다음 모를 심기 위해서 논흙을 고르게 고르는 것이다. 일하는 중간에 점심을 먹으려면 멀리 있는 길을 걸어서 왔다가 점심 후에 다시 논으로 갔다. 정말 원시적으로 하는 농업이어서 지금 생각하면 어떻게 그렇게 일을 하고 살았는지 싶다.

70년대 초에 새마을운동이 시작되고 경운기가 우리 마을에 한 대가 들어왔는데, 경운기는 논을 갈고 두둑치고 괭이로 잘게 부수고 써레질까지 4개의 과정이 한 번으로 끝나고, 괭이로 흙을 잘게 부수는 것보다 더 흙이 몽글게 부서져, 동네 어른들이 모두 신기하다고 하였다. 몇 사람이 이레(7일) 일할 것을 경운기는 한두 시간 만에 거뜬히 해내었고, 흙이 더 몽글게 되고 두둑도 보기 좋게 되어 일하기도 훨씬 나았다.

그렇게 신기하던 경운기도 90년대 들어 동력이 약하다고 트랙터로 교체됐지만, 그땐 경운기가 그렇게 신기했었다. 짐도 실을 수 있고 벼 타작도 할 수 있는 그야말로 만능이었다.

벼는 사람이 품을 앗아서 손으로 직접 심었다. 5~6월에는 모심는 노래와 창을 종종 들을 수 있었다. 세월이 흘러 창을 하시는 어르신들이 한 분 한 분 떠나시고, 90년대는 모심는 창은 들을 수 없었다. 모심는 날의 백미는 점심시간인데, 집에서 여자가 불을 때여 부엌에서 가마솥으로 밥을 하고, 국은 감자에다가 들깨를 확독(손으로 곡식을 가는 전북·제주에서 쓰는 돌절구)에 갈아 끓인다. 전기가 안 들어올 때이다. 생선조림 등 음식을 장만하여 막걸리하고 물하고 머리에 이거나 들고, 아이에겐 물 주전자 들게 하여 모심는 장소로 간다. 집에서 논까지 1.5킬로 정도 되었는데, 밥하고 음식까지 장만해서 당산을 넘어서 물을 건너 어떻게 갔는지 싶다.

그리고 3시쯤에 새참이, 지금은 빵이나 우유 자장면 등을 배달해 먹지만 그때는 국수를 삶거나 밥을 다시 해서 다시 현장으로 갔다. 여자들은 온종일 부엌에서 살았다. 모내기 철에 지나가는 나그네는 점심때면 정재(부엌)으로 지나가다가, 밥 먹는 데 가서 밥 먹을 수 없냐고 하면 누구에게나 다 밥을 주었다.

시골 인심이 넘칠 때였다. 밥은 넉넉히 한다. 하지만, 그때 엄마들은 무슨 낙으로 살았을까 싶다. 기계가 다 해주고 밥도 시켜서 먹는 지금도 힘들다고 하는데, 그땐 어떻게 살았을까 하는 생각이 든다. 죽는 것보다 낫다고 생각하며 살았는지도 모른다. 지금 방글라데시의 산간 지방에 가면 70년대 한국의 생활 모습을 그대로 볼 수 있다. 그곳도 그런 식으로 시골 생활이 이어진다. 지금 잣대로 보면 너무 불쌍하고 안됐다.

논에 김매는 것도 사람 손으로 다 했다. 주로 모가 거칠어 남자들이 했는데, 밭을 매는 호미보다 논을 매는 호미가 더 컸다. 논에 김을 맬 때도 김매는 도롱태(간단한 김매는 수레)에는 뾰족한 쇠바퀴가 있었다. 한여름 삼복더위 너무 더워 일을 못 하니, 점심 먹고 나면 어르신들은 정자나무 그늘에서 낮잠을 주무셨다. 삼복더위와 한여름에 누릴 수 있는 잠깐의 여유라고 할까. 너무 땀을 많이 흘리고 새벽 5시에 일어나 저녁 해가 넘어갈 때까지 15시간 일하고 저녁에는 모기가 너무 많아 모깃불을 놓았다. 나중에 모기향으로 대체 되었을 땐 전기가 들어왔을 때이고, 보릿대 지게미와 생풀을 섞어 모깃불을 붙여 놓았는데, 연기가 많이 나면 모기가 물지 않는다는 것이 과학적으로도 맞는 건지 지금 생각해도 아리송하다.

　저녁에 전기가 안 들어오는 곳에서는 모기에 많이 뜯기고, 먹고 사는 것이 너무 바빴다. 저녁 해가 거의 8시까지 있어 해가 넘어가야 저녁을 먹었다. 시계 시간보다 해를 우선했다 해가 조금이라도 있을 때 일을 해야 했기에 늦은 저녁을 먹었는데, 주로 저녁은 밥보다 칼국수였다. 김치냉장고가 없던 시절이라, 그날그날 확독(돌 위를 넓게 파서 만든 절구)에 고추를 갈아서 즉석에서 김치를 해 먹었고, 하루만 지나면 신김치와 된장에다 풋고추를 넣고 끓여 가끔 매운탕을 먹었다. 주식은 대부분 밥보다 국수를 먹었는데, 국수는 멍석을 두 개 정도 마당에 깔고 맑은 하늘에 북두칠성이 내려앉은 별빛도 밝은 은하수 빛을 등불 삼아 여름 밤에 마당에서 먹었다. 35년 전 방글라데시에 일할 때 고향 생각이 나면 푸른들 쪽의 북두칠성을 바라보며 저 하늘 밑에 아버지가 계신 고향 집이 있구나! 잠시 어린 시절 향수에 잠겼다.
　새마을운동 하기 이전은, 저녁에는 손으로 둥근 상에 밀가루를 밀어서 부잣집은 국수 미는 방망이가 따로 있었고, 가난한 집은 다듬잇방망이로 밀었다. 손칼국수였는데 감자와 호박과 멸치를 넣고, 우리 집은 나 때문에 고추를 안 넣었지만, 고추 한두 개 넣고 우리가 먹는 칼국수이다. 정말 맛있다, 콩국수 콩을 확독에 갈아서, 체로 밭쳐 콩물이 나오면 가마솥에 끓이거나 마당에 삼발이를 놓고 양은솥으로 끓여 먹었다. 팥국수는 팥을 먼저 삶고 삶은 팥을 체로 친 다음, 팥 국물 끓여서 사카린 한 알 넣으면 그렇게 달고 맛있을 수가 없었다. 콩국수, 팥국수가 그때는 그렇게 맛있었는데, 지금 음식점에서 파는 팥국수는 영 아닌 것 같다.

밖에서 일까지 하고 온 둘째 누나는, 지금 80세가 넘은 누나는 남새밭(채소밭)에서 무나 배추를 뽑아다 김치 담그고, 밀가루 반죽을 해서 손으로 썰어, 팥 삶고 체로 팥물 만들어, 불을 때고 국수를 넣고 하며 음식을 만들었다. 지금 생각하면 어떻게 했는지 손도 정말 빨랐다. 전기도 없던 시절에 모든 것을 다 손으로 했으니 정말 슈퍼맨이었다.

그땐 밀을 보리와 함께 경작했다. 30%가 밀밭이었다. 밀과 보리 이삭을 잘라 불에 그슬려 먹으면, 보리는 까칠까칠했고 밀은 부드러웠다. 마치 은행을 구워서 먹는 맛이다. 밀을 추수해서 밀가루를 내먹었다. 지금처럼 제분 기술이 발달하지 못해 하얀 밀가루가 아니고 약간 붉은 색이다. 동네 방앗간은 제분 시설도 떨어지고 표백제 사용을 안 해서 그랬다. 새마을운동 이후 수입 밀가루가 들어와 쌀가루 같은 하얀 색 밀가루를 먹었다.

밀가루 반죽을 밀고 국수를 썰고 나서 남은 부스러기를 누나가 과자 크기로 밀어주면, 불을 때고 난 불 위에 올려놓고 한쪽은 검게 타고 한쪽은 노릇노릇하게 구웠다. 크래커 같은, 지금은 주어도 먹지도 않겠지만 그때 아궁이 불에 올려놓고 익을 때까지 기다리는 그 재미야말로 정말 최고의 기쁨이었다. 그땐 불장난 물장난이 그렇게도 재미있을 수가 없었다. 국수 이야기가 나와서 더 하는데, 밀을 수확해서 도리깨로 타작해 말려서, 방앗간 제분하고 붉은색 띤 밀가루를 지게에 지고 아침 일찍 서도 국수 빼는 방앗간에 가지고 갔다. 서도 방앗간은 소형 디젤엔진으로 떡이나 고추 방아나 국수 등을 빼는 작은 방앗간이었다.

가는 길은 아버지가 지게에 지고, 어머니는 머리에 이고, 형하고 10세 나는 5살 정도로 기억된다. 당산 넘어 왕산 바위 정자나무를 지나, 맑은 섬진강 물 그 하얀 모래 백사장을 건너 걸어갔다. 기차가 다니는 작은 철다리길 건널 때면 침목 하나하나를 보며 조심스럽게 건너갔는데, 그게 그렇게 무서울 수가 없었다. 지금은 그 철다리길 밑에 모래가 없어 보기가 흉하지만, 그땐 모래가 가득 차서 마치 하얀 강물이 흘러가는 것처럼 보였다.

집에서 서도 방앗간까지는 오리 길이었는데, 아침 일찍 밀가루를 반죽해서 국수 기계에 넣어 국수가 실처럼 나오면, 볼펜 굵기의 대나무 가지에 삼베실 말리듯이 나무틀에 옮겨 말렸다. 아침 일찍 시작해야 오후에 말려서 집에 돌아와야 하니까 아침 일찍부터 서둘렀다.

다 말린 국수는 지금의 국수 크기로 잘라서 노란 연둣빛 종이로 묶었다. 깨끗한 종이도 아닌 위생 관념이 없었을 때였다. 뚜껑이 있는 대나무 바구니에다 담아 해가 삼계 석문 위로 넘어갈 때쯤 아버지는 지게에 지고, 엄마는 머리에 이고 집에 온다. 그렇게 국수는 집에다 두고 겨울까지 먹었다. 오늘날의 잔치국수다. 그렇게 밀을 심고 추수해서, 방앗간에서 제분하여, 국수도 직접 빼서 순수 우리 밀을 먹었다. 참고로 보리와 밀은 농약을 치지 않는다. 벼만 농약을 몇 번 친다.

내가 다녔던 교회

우리 동네서는 우리 집이 교회하고 제일 가까웠다. 교회 가는 길목에 우리 집이 있어 교회를 가려면 사람들이 우리 집 앞을 지나가야만 되었다. 우리 집을 지나 당산을 넘으면 거기가 바로 교회였다. 교회로 가는 길은 묘가 많고 인적이 없어 낮에도 혼자 가면 무서운 곳이고 저녁이면 더욱 무서웠다. 새벽기도 하러 가다가 헛것을 봐서 놀라 고생을 많이 한 사람도 있었다.

교회는 크리스마스에 주로 형을 따라갔었고, 사탕이나 과자를 주어 좋았다. 교회 마당 안에 교회 일을 봐주는 사택이 있었는데, 나하고 동갑인 아들이 살고 있어서 아주 어렸을 때 엄마를 따라 그 사택에 간 기억이 있다. 마을하고 완전히 떨어져 살던 사택 집 사님은 무섭지도 않았는지 지금도 궁금하다. 교회엔 커다란 감나무가 세 그루 있었다. 그 뒤, 1차 교회 자리에 사택을 다시 짓고, 사택 자리에 교회를 지었다. 70년대 90년대 교회를 두 번을 다시 건축했다. 사택을 없애고 교회만 지었는데, 있었던 커다란 감나무 몇 그루를 다 베어 버려 옛날 추억이 없어졌다. 감나무는 6·25 때도 있었다. 지금도 연세가 드신 분들이 고향 교회에 오면 감나무에서 감 따 먹던 추억을 이야기한다. 80이 넘은 형들은 육이오 때 교회에서 인민군들이 어린애들에게 인민군 노래도 가르쳤다고 이야기한다. 우리 마을에선 교회가 유일하게 현대식으로 지은 건물이어서 교회에 얽힌 추억이 많이 남아있다.

국민학교에 들어가서 나 혼자 교회에 다녔는데, 결혼도 안 한 여자 전도사님과 교회 관리인 홍만수 집사님이 사택 자리에 교회가 들어서 방축마을로 이사를 하여서, 마을 위뜸 커다란 모과나무가 있는 집에서 하숙 겸 머물러 계시며 교회에 출퇴근하셨다. 교회에서 설교하고 풍금을 연주하고 찬송가를 가르쳤다. '참 아름다워라! 주님의 세계는. 저 솔로몬의 옷보다 더 고운 백합화!' 같은 찬송가나 '사철에 봄바람 불어 있고, 하나님 우리가 모셨으니' 등이 그때 배운 찬송가이다.

여자 전도사님이 오시기 전인가 기억이 나지 않지만 1년 넘게 교회 사역자가 없어 강초, 강례 두 분이 사역을 대신에 했다. 그해 크리스마스, 교회에 갔더니 고구마 과자나 요즘 마트에서 파는 옛날 과자를 한 줌씩 주었다. 그때 그분들 말씀이, 헌금이 총 300원만 들어와 본인들 돈을 조금 보탠다고 하신 말씀이 기억난다. 어린애 중 헌금을 항상 10원씩 내는 형제가 있었는데 서도역에서 이발소 하는 집 승호 형제였다. 지금 나이가 환갑 정도 되셨을까. 엄마가 항상 두 아들을 냇가를 건너서 여름에는 판자 다리가 없어 직접 물을 건너시며 교회에 오셨다. 서도 숲말 대정리 구름다리 사는 분들도 다 그렇게 여름에는 물을 건너서 교회에 왔다. 강진 몰만 재 넘어서 왔다.

예배 시간이 끝나고 동화 한 편씩 해주었는데, 그림을 한 장씩 넘겨 가면서 들려주는 동화가 정말 재미있었다. 7-11세 정도의 아이들은 이야기를 듣는 시간에는 이야기 속에 빠져들어, 깜둥이같이 새카맣게 탄 얼굴에 초롱초롱하게 빛나는 둥근 눈망울을 굴리며 정말 진지하게 이야기를 듣곤 했다. 그 아이들의 기억이 지금도 생생하다. 학교에서 그림 동화를 들어본 적이 없어 더욱 신기하고 재미있었다. 어른이 된 지금 생각하면, 그림 뒷면에 이야기를 대충 써 놓고 살을 붙여 이야기하신 것 같다.

특히나 전도사님 기억이 생생하다. 지금쯤 어디서 무엇을 하며 살고 계실까. 아마 살아 계시면 80대 초반 정도 되셨을 텐데, 그 전도사님이 한번 보고 싶다. 그때는 대부분 부모님이 교회에 못 가게 말리셨다. 우리나라의 뿌리 깊은 유교 사상 때문이었을 것이다. 나는 엄마가 생존해 계실 때에도 교회에 가지 말라는 말은 듣지 않았다. 교회에서 배울 것이 더 많았다. 그 후에 엄마가 돌아가셨어도 초등학교 졸업할 때까지는 계속 다녔다. 지금 생각하니, 그런 마을의 유교 문화가 전통적으로 내려오고 있었는데도, 그리고 아버지가 1910년대생이신데도 교회에 가는 것을 말리지 않으셨으니 얼마나 다행이었는지 모르겠다. 그때 이미 나는 하느님이 택하신 백성이 아니었나 생각한다.

그렇게 동화가 끝나면 또 노래를 불렀다. 아! 재미있어라. 선생님들의 그 동화! 아, 어쩌면 그렇게도 잘하시나 속으로 감탄하며 들었었다. "정말 고맙습니다. 그 이야기 명심코 잊지 않았다가 우리도 이다음에 좋은 사람 되겠어요." 다짐하곤 했었다. 고맙습니다, 고맙습니다.

노래가 끝나면 그다음 노래를 부르며 집에 간다. 일부 사람들은 어린이들이 교회에 오게 하려고 사탕을 주었다고 하지만, 매일 주는 아니고 일 년에 몇 번이다. 당시 시골에서는 단 것이 얼마나 귀한 것이었던가. 교회에서 아이들을 그냥 보내는 것보다 사탕 한 개라도 주어 달콤한 어린 시절의 추억으로 남게 했으니, 아이들의 그 기쁨을 생각하면 그 어떤 것에도 비할 바가 아니라고 생각한다.

"여러분 우리 동무여 가만히 가만히
예수님 손 붙잡고 집으로 갑시다.
오늘에 배운 말씀 잊지를 맙시다.
또다시 만날 때까지 안녕히 계세요."

이런 교회에서 배운 노래를 부르면서 한 사람 정도 다니는 좁은 언덕 오솔길도 손잡고 간다. 나의 인생에서 어머니가 초등학교 졸업할 때까지만 살아 계셨어도 교회에 관한 더 많은 추억이 남아 있었을 것이다. 우리 논에 갈 때나 외갓집에 갈 때, 서도역에 갈 때도 항상 교회 앞으로 지나가야 했으므로 나에겐 다른 친구보다 교회에 관한 추억이 더 아른거린다. 교회 마당과 교회 가는 길에 감나무가 많이 있었고 여름에는 풋감을 주워다 장독대 작은 옹기에다 물 넣고 풋감을 우려서 먹었다. 어머니가 돌아가신 때인 1970년 8월 26일 오후에도 교회의 감나무 밑에 풋감 떨어진 것 주우러 교회 근처에 있었다. 올 때 갈 때 잠깐씩 교회에 들르면 항상 포근한 것이 있었다.

여름에는 여름 성경학교가 일찍 문을 연다. 방학 때는 친척 집 방문이나 놀러 갈 수도 있으므로 방학이 시작하자마자 여름 성경학교가 문을 연다. 1주일 정도 여는 성경학교도 재미있게 다녔다. 성경학교 교가는 지금도 생각이 난다.

"1. 흰 구름 뭉게뭉게 피는 하늘에 아침에 명랑하게 솟아오른다. 손에 손을 마주 잡은 우리 어린이 발걸음 가볍게 찾아가는 집 즐거운 여름학교 하나님의 집. 아~ 아~ 아~ 진리의 성경 말씀 배우러 가자.
2. 매암이 매암 매암 숲에서 울며, 우리도 랄라라라 노래 부르자. 배우는 시간 너무 재미있어 웃음이 얼굴마다 넘쳐흐른다. 즐거운 여름학교 하나님의 집. 아- 아- 아- 진리의 성경 말씀

배우러 가자."

  3절까지 있는데 3절은 기억이 안 난다. 교사는 매년 원광 대학생 누나 형들이 교회에 와서 봉사 활동을 했는데, 성경 말씀과 찬송가 등을 가르쳐 주었고, 현재 일어나고 있는 과학이나 유행하는 오락 게임 등 세상이 어떻게 돌아가는지를 알려 주었다. 그리고, 자치기, 땅따먹기, 먹자치기 등의 시골 애들 놀이를 함께 하였다. 성경학교가 끝나면 냇가에 놀러 가는데, 왕산 바위 정자나무 그늘에 앉아서 놀곤 했다. 물놀이나 물고기잡이는 그 여름날 꼬마 애들에게는 그렇게 즐거울 수가 없는 일이다. 그러면서 내년 성경학교를 기다렸다. 선생님들은, 군대에서 제대하고 복학한 선생님이나 나이가 들었지, 대부분 선생님은 20대 초반이었다. 지금 보면 애들이지만, 당시 시골 어른들은 거의 무학이었으므로 대학생 하면 우러러보던 때였다.

  이미 어린 시절에 교회에 갈 수 있었던 것은, 일찍 나를 낳기 전에 작은형이 교회에 다녔기 때문이었다. 삼계면으로 가는 큰 재를 사람들이 '성(城)재'라고 하였는데, 정확한 명칭은 장성산이다. 성재산 꼭대기에서 교회가 보인다. 강진몰(강촌마을)재를 넘어서 낮이나 밤에 그 무서운 길 등불 없이 교회를 남녀노소가 다녔다. 작은형은 낮에도 밤에도 그렇게 무서운 줄도 모르고 교회에 다녔고, 나중에는 강진몰 형수하고 교회에서 만나 결혼했다. 교회가 '연애당'이라는 소리도 어린 시절 들은 적이 있는데, 그 당시는 중매로 결혼하던 시절이었으니 그럴 만도 하다. 우리 마을은 전주 이씨 효령대군 집성촌이라 조선 시대 유교 풍습이 그대로 남아 있었다. 한마디로 조선 시대의 연장선이었다. 내 나이 9살에 엄마가 돌아가셨는데, 3년을 마루 한쪽 곁에 '영우'라고 지어 놓고 아침, 저녁, 밥을 먹기 전에 먼저 돌아가신 분에게 간단한 음식을 올리고 난 뒤에야 밥을 먹었다.

그야말로 생활 방식이 조선 시대 그대로였다. 종손, 종부가 서울에 사는 분이 있었는데, 우리 동네에서 결혼하여 살았으나, 몸이 아파 서울에 머물고 계셨고 언니 집에 요양 차 1년 넘게 머물던 중, 언니가 전도하여 서울 교회를 다니게 되었다. 그분이 당산 넘어 종갓집 땅을 교회에 기부하여 1920년대에 교회가 설립되었다.

그래서 그 집 며느리인 종부가 교회에 다닌다고 하여 90년대까지만 해도 말이 많았다. 종손 집이 교회에 다닌다고 말이 많으니 얼마나 개화가 덜된 문화인가. 어린 시절 여자는 자전거도 못 타고 다닐 때였고 바지도 잘 못 입고 다녔다. 여자는 치마만 입고 다닐 때였다. 하지만, 교회가 우리 마을에 들어온 것은 새로운 문화를 불러들인 등불 아닌 등대였다. 교회를 다니는 분들은 집이 못살아도 자녀들 여자애 남자애 구별 없이 다 교육시켰다. 대단한 일이다. 사람은 태어나면 자기 먹을 것을 가지고 태어난다고 유교 방식의 어른들은 이야기하지만, 사람이 밥만 먹으면 되나, 교육도 생각해야지, 교육 없이는 큰일을 못 한다는 것을 당시는 잘 몰라서 못 했다. 그래서 우리 교회는 개화 교육을 시작한 첫 번째 개화 학교이기도 했다.

물 건너서 대정리, 둔기, 구름다리, 숲말, 서도, 노봉, 성재 넘어 강진몰 마을에서까지 우리 교회를 90년대 초까지도 다녔다. 여러 마을에서 성도들이 예배 보러 와, 교회는 사람들로 가득 찼었다. 내가 말하는 교육은 학교 교육만을 이야기하는 것이 아니다. 책을 많이 읽거나 지식인에게 개인적으로 말씀을 많이 듣거나 하는 것이 다 교육이다. 지식과 지혜가 다를 수도 있으나 지식이 많아야 지혜도 많다. 농사짓는 것도 농촌 진흥청에서 먼저 연구하고 나서 바로 그 지식을 전수해 주어야 할 수 있는 것이다. 통일벼가 그것이다. 새마을운동이 시작되고 통일벼도 동시에 재배하기 시작했다. 그전에도 사람들은 부잣집만 쌀밥 가난한 집 보리밥은 다 먹었지만, 통일벼 이후에는 누구나 쌀밥을 먹기 시작했다. 정부미는 쌀과 보리를 70되 30으로 섞어서 나온 쌀이었다. 보리는 납작하게 눌려 나왔다. 내 초등학교 시절에는 혼분식이 있을 때였다. 과학 기술을 익히지 않으면 유교 방식으로 공자 맹자만 읽으면 어디 통일벼가 나왔겠는가. 그러므로, 일찍이 우리가 기독교를 받아들였다면 우리 어린 시절에 이미 세계적인 나라가 되었을 것으로 생각한다. 따라서 우리 마을은 교회가 일찍 설립되어 하나님의 축복 받은 마을이라 할 수 있겠다.

전기가 들어온 후의 교회 풍경을 써 보겠다. 80년대 초 교회 종 대신에 확성기 사용했다. 종래의 종탑은 부흥회 때 나무로 만들었었는데, 나중에 교회를 신축하면서 시멘트 기둥을 세운 것이 현재의 종탑이다. 서도역에서 저녁에 기차에서 내리면 다리가 없고 길도 철길을 따라 철다리길 건너서 와야 했으므로 무서웠다. 왕산바위 냇물을 건널 때 귀신이 있다고 아예 더더욱 무섭다. 하지만, 역에서 내리면 교회가 바로 앞에 정면으로 보였고 교회의 빨간 십자가 그 환한 빛으로 길을 인도했다. 그러면 무서운 생각도 없어지고 십자가를 바라보고 계속 발길을 재촉한다. 그래서, 교회의 붉은 십자가 불빛은 어둠을 밝혀주고 길을 인도해 주시는 하나님의 등대라고 생각했다. 나는 몇 년 전, 이런 어린 시절 교회 주위의 풍경을 담아 노래로 만들었다.

〈둔덕 교회의 노래〉

–이강국 시 / 김애경 작곡 / 소프라노 박순정

1. 장성산 아래 섬진강 굽이굽이 흐르는 곳
   작은 언덕 위에 우뚝 솟은 우리 교회는
   평화 가득한 천국의 집 생명의 집이네
2. 섬진강 물결 따라 은어 떼가 반기는 곳
   서도역에서 바라본 우리 교회는
   환한 십자가 빛으로 포근히 감싸주네

3. 종소리 바람결 따라 은은하게 들리는 곳
　자녀들 영혼을 위해 세워진 우리 교회는
　복음 소리로 평화롭네, 사랑이 가득한 집

(후렴) 자녀들아 어서 오라 하나님의 품으로
　　　사랑 가득한 새 생명의 집 하나님의 집
　　　하나님의 영원한 사랑의 집 둔덕교회
　　　하나님이 함께하시는 영원한 사랑의 집
　　　영원한 사랑의 집

　먼 훗날 모든 게 바뀌어도 위에 쓴 글이나 노래 가사를 보면 항상 그 시절이 생각날 것이다. 고향은 나의 쉼터이고, 언덕 위에 자리 잡은 교회나 왕산 바위, 삼계 석문은 생각만 해도 기분 좋아지는 추억이다. 자꾸만 쇠락해 가는 시골 마을의 현실이 안타까워 그 소중한 추억을 이렇게 노래가 담긴 문장으로 남기오니, 다음 세대에서 생활문화나 터전이 변할지라도 그 옛날 기록 정도는 될 것이라 믿는다.

　＊유튜브: 둔덕 교회의 노래

박씨 아저씨와 오빠구

　오빠구는 오수 장날 유명했는데, 주로 남의 집 심부름과 일을 하면서 품삯은 받지 못하고 주로 먹을 것을 대신 얻어 살아간 사람이었다. 그 당시 임실군에서 오수장이 제일 커, 장사하는 상인들에게 얻은 것으로 냇가에서 자기 부모님 제사도 지냈다고, 누님이 장에 갔다 오면서 이야기해주어 알고 있었다. 나는 한 번도 보지는 못했지만, 그 아저씨의 소문은 우리 또래의 아이들이 다 알고 있었던 것으로 기억하고 있다. 언제 돌아가셨는지는 모르지만, 사람들이 이야기하지 않는 것으로 보아 오래전에 서거하신(돌아가신) 것으로 추측된다. 지금은 나이 드신 분들만 기억하고 있는 사람이다. 그분의 죽음에 '서거'라는 말을 특별히 쓰고 싶었던 것은, 그분처럼 그렇게 천진난만하게 살다가 이 세상에서 대접을 못 받고 가신 분에게 이 말을 쓰면 더 좋겠다고 생각되어 특별히 이 말을 썼다.

 어린 시절에 거지가 다니면 동냥아치라고 했다. 동냥아치는 일주일에 한 번 정도 오는 것 같았다. 이 마을 다 돌고 그다음 마을로 집마다 다녔다. 대부분 보리쌀을 주었고, 추석이나 설날 전후로 오면 쑥떡 한 개씩을 주었다. 하루에 두 번을 올 때도 있었다. 꼬마 시절 집에 어른이 안 계시고 혼자 있으면 무서웠고, 꼬마만 있는 것을 보면 그냥 간다. 여기저기 다녀야 할 집이 너무 많으니까 그랬나 보다. 어느 날이었던가 초등학교 3학년 시절, 설 후에 우리 집에 동냥아치가 왔다. 나는 시렁에 놓인 석짝(떡 고리짝)에서 떡을 한 개 꺼내어 준 기억이 있다. 두 명이 오면 두 개를 줘야 했다.

 그 시절은 왜 그렇게 동냥아치가 많았는지, 나하고 18년 차이 나는 누님의 기억으로는 50년대 말, 60년대 초에는 문둥이도 많이 오고, 상이군경도 동냥하고 다녔다고 했다. 밥때가 되면 우리 집은 동네에서 북쪽에 한 집만 있는 높은 집이라 특히 더 많이 왔다고 한다. 한 번은 저녁때 동냥아치와 같이 밥을 먹게 되었는데, 이 사람이 문둥병(나병) 환자였다고 한다. 그 당시에는 문둥병 환자가 많아서 시골에서 종종 보는 것이 흔했다. 무서운 것은, 문둥이가 아기 간을 먹으면 낫는다는 말이 떠돌아다닐 때였다. 60년대 생인 우리 또래도 꼬마 시절에 그런 소리를 들었다. 사람들이 문둥병 환자를 무서워하는 것이다. 그런 사람들이 동냥하러 다니니,

우리 동네 사람 중에도 문둥병자가 두 명이나 있었다고 큰형님에게 들었다.

동냥아치들은 어떨 때는 대여섯 명이 떼로 다녀서, 무서울 때가 종종 있었다. 아무튼, 그때는 관 법보다 마을 법이 우선시 되었을 때이다. 박 씨 아저씨는 동냥아치는 아니었다. 동냥하러 우리 마을에 온 적은 없다. 애경사 집이나 잔칫집 때만 온다. 어떻게 잔치하는 줄 아는지 알 수 없었지만 어렸을 때 잔칫집에서 그 아저씨를 항상 보았다. 항상 한복을 입고, 겨울에도 봄용 옷을 춥지도 않은지 대충 입고, 마을 잔치나 먹을 것이 있는 곳엔 다 다녔다. 동네 사람들도 아저씨가 오면 따로 작은 상에 밥과 국을 반찬하고 준다.

강정, 약과, 산자 떡 등을 주면 밥은 다 먹고, 과자와 떡은 주머니에 넣어 간다. 결혼도 못 하시고 가족도 없이 혼자 사는 아저씨인 줄 알았는데, 형도 있고 조카도 있다는 것을 최근에서야 알았다. 젊은 시절에는 동네나 개인 집에서 밥을 주면 그 대가만큼 일을 해주었다고 한다. 우리가 그 아저씨를 기억할 나이 5살 전후 때에는 그 아저씨는 이미 60을 넘은 노인이었다. 항상 잔칫집에 와서, 줄 때까지 기다리는 아저씨, 오래전에 고인이 되셨지만 천국에서 잘 살고 계실 것이다.

60년대 60은 지금 80 정도로 보였다. 평균 수명이 60이 안 되던 시절이었다.

외갓집 가는 길

엄마는 외갓집에 1년에 다섯 번 정도는 다니셨다. 걸어서 왕복 육십 리 길을 하루에 다녀왔다. 집에서 외갓집 가는 길목에는 당산이라는 작은 언덕이 있었는데, 한 사람이 겨우 걸어서 다닐 정도의 좁은 길이었다. 당산을 지나면 무덤이 많아, 낮에도 혼자 다니면 무섭고 해 질 무렵은 더 무서웠다. 그 시절 나이가 어려서 그랬는지, 아무튼 당산을 넘어가는 것은 무서웠다. 누나 말로는 늑대도 있었다고 한다. 당산 넘어가는 길 위에 일제강점기에 지어진 교회가 있었고, 교회를 지나면 연두 초록빛의 밀밭이 있었다. 밀밭 옆 왕산 바위는 바위라서 사람들이 쉬어 가기가 좋았다. 정자 나무가 두 그루 있는데, 그 밑은 언제나 그늘이 드리워져 있었다. 당시는 모든 길이나 쉬는 곳이 모두 흙으로 되어 있을 때였다. 시골 인구도 지금의 열 배 정도는 살고 있을 때였다. 지금처럼 모정(정자)이 없었고, 모정은 그 후 50년 후에야 건축되었다. 버스도 없었고 면과 면 군과 군의 경계를 넘을 때도 걸어서 다니는 시절이었다.

왕산 바위 정자나무에는 삼계석문 놀러 가는 행락객도 있었지만, 외갓집 가는 길로 다니는 사람도 있었다. 외갓집 동네 사람들도 걸어서 오수장을 보러 다닐 때이다. 모든 교통수단이 걸어서 다닐 때여서, 걸어가는 중 외갓집 가는 객을 만나면 같이 갔다. 그러면 산길을 걸을 때 무섭지도 않고 좋았다. 당시엔 어디 가나 사람이 많았다. 왕산 바위 정자나무는 지금 고목이 되어 그때보다 나무 그늘이 덜한 것 같다.

우번리로 가는 길에는 논 가운데 초가집이 있었는데 나무꾼이나 지나가는 나그네에게 밥이나 국수, 두부, 막걸리 등을 팔았다. 우번리를 지나면 물줄기 3개가 합쳐지며 수정 같은 맑은 물에 하얀빛이 빛나는 은어 떼가 뛰는 시냇물을 만나는데, 언제 보아도 좋았다. 덕과면과 인화리, 수월리부터 이어지는 은빛 모래밭 삼계석문에는 여름철에 젊은 청춘 남녀들이 인산인해를 이루었다. 그 남녀들은 은빛 모래밭에 숱한 사랑의 발자국을 남긴 채 떠나가고, 지금쯤 그들은 어느 하늘 아래에서 황혼 녘 인생을 보내고 있을지 모른다.

9명의 신선이 내려와 놀았다는 구로 정 정자 앞에는 두 개의 길이 있었는데, 두 갈래의 길이 있다. 오른편으로 돌아가는 길 강진몰(강촌) 마을, 바다실(해곡리) 마을, 산석굴(산수리) 마을, 동산리(동산촌) 마을을 지나 배자, 서저울(주월리), 샛몰 마을이 있었고, 광제정을 지나 섬진강 옆 방앗간이 있고 큰 정자나무가 있는 마을이 있었는데 서저울, 이곳은 시골의 번화가였다. 가게가 있어 편의점 같은 점방도 있었고, 사람들이 많이 지나다녔다.

서저울 마을은 샘이 따로 없어 강물을 식수로 사용했다. 서저울 물레방앗간 앞 징검다리 건너 삼보재 가는 길에 큰형 어린이 시절 문둥이가 많아서 해가 질 무렵이면 너무 무서웠다. 삼보 재를 넘어 순창군 동계면 안닝계로(내령리) 들어간다.

직선으로 가는 길 왼쪽 길이 있다. 섬진강 물을 따라 웨기재가 나오는데 얼마나 깊고 높은 산인지 봉우리가 3개로 이어지는 산이었다. 한 고개를 넘고 나면 두 번째 고개가 나오고, 그 두 번째에 작은 오막집이 있었다. 오두막집 사람들은 무섭지도 않나. 늑대도 많았고 간첩도 있을 때인데, 그 뒤에 세 번째 고개가 나온다.

민가 한 채 없는 첩첩산중, 정말 무섭다. 얼마나 무서운지 이름이 '외고 죽어도 소리가 들리지 않는다'라고 해서 '웨기재'인데 사람들은 '외기재'라고 한다. 도중에 오가는 사람을 한 사람이라도 만나면 그렇게 반가울 수가 없었다. 그렇게 첩첩산중을 40대의 어머니는 무섭지도 않았는지 늘 지나다녔다. 지금 40대의 우리 여직원들과 비교해 보면 새삼 그때의 어머니들이 지금보다 강인했구나! 하는 것을 느끼게 된다.

어떻게 다리도 없는 강을 물을 건너서 산으로, 걸어서 왕복 60

리 길을 하루에 다녀오셨는지 지금 생각해도 이해가 안 된다. 엄마는 외할머니께 용돈을 드렸고, 점심 먹고 집에 올 때는 외할머니께서 떡이랑 먹을 것을 싸 주셨다. 어쩌다 외갓집에서 하룻밤을 자면 그때 외갓집이 왜 그렇게 크게 느껴졌는지 모른다. 나중에 커서 보니, 안채와 사랑채와 광까지 있었고, 집안에 두레박 우물까지 있어(시골 대부분의 집은 샘터에서 물을 길어 먹는다) 그렇게 크게 느껴진 것 같다.

그 집에 큰 호두나무가 한 그루 있었는데 호도가 많이 열렸다. 그 나무는 해방 후에 정부에서 유실수 한그루씩 집마다 나누어 주어 심었는데, 당시에 우리 집이 세를 살고 있어서 그 나무를 외갓집에 갖다 심었다. 훗날 그 집을 매매해 우리 집이 되었다. 할머니 살아계실 때 우리 호두나무라고 호도를 주셨다, 당시 호도하고 은행은 귀한 과일이었다. 일제강점기나 6·25 전후에는 주택이 매우 귀할 때여서 팔지도 않고 방 한 칸을 얻어 세를 사는 사람이 많았다. 주택이 논보다 훨씬 가격이 높았다.

우리 집은 안채와 외양간 변소 외양간 돼지우리 기억자 집이어서, 집터는 우리 집이 컸지만, 외갓집이 그렇게 더 커 보였다. 집으로 오는 길에 가끔 비가 오면 먼 친척 집에서 쉬기도 했는데, 지금 그 친척 집이 어느 집이었는지도 알 수 없을 정도가 되었다. 그때 어려운 시절에는 먹을 것도 없었지만, 잠깐 쉬어만 가도 반갑게 맞아주고 뭐라도 먹을 것을 내어 줬다. 그렇게 모두 인심이 후한 시절이었다. 지금 누가 그 시절에 어떻게 살았냐고 물으면, 그 시절에도 나름대로 만족하며 살 수 있는 기쁨이 있었다고 말하고 싶다.

가을걷이

　지금은 벼 못자리를 할 때 피 없애는 농약을 주어서 없애지만, 60~70년대만 해도 피를 하나하나 뽑아주기도 하고 김을 매주기도 한다. 전문가가 아니면 벼와 피를 구별하기가 어렵다. 벼 이삭 나오기 전은 피(稗)와 벼가 뚜렷이 구별되지 않아 이삭이 나오면 확실하게 구분되어 피를 가위로 잘라줬다. 그러면, 그다음 해에 피가 거의 없다. 지금은 피만 없애는 농약이 따로 있어 피가 덜하다. 하나님은 인간에게 열심히 일하라는 지상 명령을 내려, 아담과 하와가 에덴동산에서 천상의 열매를 따 먹을 때부터 땀을 흘려야 되게끔 하셨나 보다.

　피는 거름을 주지 않아도 전혀 상관없고 돌보지 않아도 잘 자란다. 모든 잡풀이 그러듯이 씨를 뿌리지 않아도, 거름을 주지 않아도, 가물거나 비가 많이 내려도 잘 자란다. 곡식은 인간이 땀 흘려 일하고 정성을 쏟는다. 그리고 하늘이 도와주어야 잘 자란다. 인간과 하늘의 돌봄이 있어야 한다. 그렇게 정성을 쏟고 난 후 하늘의 답을 기다려야 된다. 사람으로서는 최선을 다하고 하늘의 뜻을 기다려야 된다. 어린 시절 밥 먹을 때 어른들은 '쌀 한 톨도 남겨서는 안 된다.'라고 하셨는데, 그것은 그만큼 그분들이 힘들게 농사를 지었기 때문이라고 생각한다.

벼를 베기 전에 먼저 참새와 전쟁을 해야 한다. 그땐 참새가 왜 그렇게 많았는지 놀고 싶은데 놀지도 못하고 온종일 참새를 쫓았다. 검정 우산 하나 가지고 햇빛을 가리고, 들 한가운데 서서 어린 소년은 참새와 전쟁을 해야 했다. 얼마나 친구들하고 놀고 싶었겠는가. 그리고 그때는 '나중에 커서 공기총으로 참새를 모조리 잡아 버리겠다'고까지 생각했다. 정말 참새는 백해무익하다고 생각했다. 중국 근대사에서 모택동이, 참새가 인간 식량을 뺏어 간다고 참새를 소탕하라고 한 적이 있었다. 물론 대약진운동은 실패로 끝났지만, 참새가 식량도 축내지만, 해충도 퇴치한다는 것을 나중에 공부하면서 알았다. 지금은 그 시절보다 참새가 없는 것 같다.

그 당시 물놀이는 그렇게 재미있었는데, 물고기를 손으로 잡으면 그렇게 큰 기쁨이 넘쳐났다. 지금의 부모님들은 어린아이들이 물놀이를 간다면 너무 위험하다고 절대 보내지 않지만, 그 시절엔 부모님들이 아무 일 없겠지 하고 산으로 들로 물가로 놀러 가는 것을 신경 쓰지 않았다. 저녁때 집에 들어오면 그것으로 끝이었다.

그래도 물에서 사고가 난 아이가 한 명도 없었다. 물놀이도 못하고 검은색 우산 하나 들고 들녘 땡볕에서 우산 그늘 삼아 참새 보는 것은 정말 따분했다. 새는 안 보고 논 옆 시내만 바라볼 때도 있었다. 그 작은 시내에는 부드러운 모래만 있어 피래미 잡고 놀기는 아주 좋은 놀이터였다. 그러면서 하늘을 한 번 쳐다보면 참새가 새까맣게 내려와 다시 한번 크게 소리를 질러 새를 쫓았다. 새와 인간의 생존 싸움이라고 할까, 새도 먹고 살아야 하고 인간도 그 농사가 다음 해까지의 1년 식량이므로 서로 양보가 없었다. 당시엔, 왜 하나님은 새는 벌레만 먹고 살게 하지 사람이 먹는 곡식까지 먹게 했는지 참 궁금했다.

아버지가 땀 흘려 가꾸신 일 년 농사를 며칠만 보면 되는 것을, 11살 철부지는 그런 건 아랑곳하지 않고 그렇게 놀고 있을 때가 많았다. 농부 처지에서 보면 한 톨이라도 더 수확해야 하지만, 자연의 이치는 참새도 먹고 살아야 하므로 그런 처지에서 보면 이 세상은 서로 공존해야 하나 보다. 참새도 한여름에는 사람에게 해로운 해충을 잡아먹고 사니, 참새에게도 조금은 주어야 하지 않을까?

새 보는 것도 잠깐 지나가고, 추석 무렵이면 우리 동네에서 벼 몇 춤을 베다가 올기 쌀을 만든다. 더욱이 추석이 일찍 들었을 때는 올기 쌀을 일찍 만든다. 올기 쌀, 정확한 표준어로는 찐쌀이다.

사람들은 올기 쌀과 햅쌀을 섞어서 그해 추석에 조상님들께 차례를 지낸다. 올기 쌀은 그냥 생쌀로 먹어도 그렇게 고소하고 맛있다. 찐쌀 만든 뒤 사람들은 본격적으로 가을걷이로 들어간다.

 논에 물을 빼고 논바닥이 마르면 벼를 벤다. 가을걷이의 시작이다. 벼를 베는 것은 심는 것에 비해 훨씬 빠르다. 심는 것은 한 마지기를 하루에 한 사람이 못 심는다. 베는 것은 한 마지기(200평)를 거뜬히 해낼 수 있다. 심는 것은 모를 한 번씩 심어야 하지만, 벨 때는 세 개나 네 개씩 잡고 낫질을 한다. 한 사람이 한 마지를 벨 수 있는 것이다. 벼를 베서 논바닥에 펼쳐 놓으면 마치 노란 카펫 펼쳐 놓은 것 같다. 그렇게 며칠 말린 후에 다시 뒷집에서 한 번 더 말린다. 그다음 한 다발 한 다발씩 묶어 벼 이삭을 위쪽으로 하여 세워 놓는다. 그렇게 꽤 오래 말린 뒤에야 집으로 가져오는데, 집으로 가져오는 것은 하나하나 지게로 져서 나른다. 어른은 12~15다발 정도를 지고 오고, 중학생 정도 되면 7~8개를 질 수 있다. 여자들은 2~3다발을 머리에 이고 그렇게 수백 개를, 며칠에 걸려 그 멀리 있는 길을 지게로 등짐 해 온다.

 달구지(수레)를 사용하는 집도 있는데, 수레 한 번이 지게 다섯 번 가는 것과 똑같다. 소가 힘이 세다. 지게에 지고 강물을 건너니 얼마나 원시적 농업이었으며, 얼마나 힘들었겠는가. 집에 가져온 나락 다발은 낟가리로 집채만 하게 쌓아 올린다. 벼다발이 많을수록 부잣집이다. 낟가리를 쌓아 놓으면 또 쥐는 어찌나 그렇게 많은지, 40~80년대 초까지엔 전국 쥐잡기 운동이 있었다. 전국 모든 농촌에서 같은 시간에 동시에 쥐약을 놓는다. 학교에서 쥐 꼬리 몇 마리씩 가져오라는 지시도 있었다. 쥐를 못 잡은 애들은 오징어 다리를 불에 그슬려서 가지고 가곤 했다. 아무튼, 쥐가 많았다. 통계에 의하면 쥐가 먹는 식량이 엄청나다고 한다. 쥐만 다 잡아도 넓은 들 하나가 더 있다고 했다. 그래서 생각해 보면, 예나 지금이나 쌀 한 톨에도 감사해야 한다.

그것은 오랜 시간 자연의 돌봄과 농부의 땀방울이 합작해서 만들어진 쌀이 아닌가? 집에 들어온 나락 다발은 탈곡해야 하는데, 홀태(벼 줄기에서 벼알을 떼어내는 기구)가 있어서 사람 힘으로 훑었다. 그 옛날은 홀태가 벼 한 모가지를 한 개 한 개 훑었다고 한다. 일본이 와서 홀태를 만들었는데, 한 번에 백 개 이백 개 정도를 훑었던 것이 내가 어렸을 때 본 홀태다. 발로 굴러서 하는 탈곡기는 그리 많지 않았다. 몇 날 며칠을 쉬지 않고 오직 사람의 힘으로 벼를 탈곡했다. 그리고 벼 알맹이는 덕석(멍석)을 펴고 말린다. 말릴 때 덕석 위에 당그래(고무래)로 고루고루 하루에 몇 번씩 펴 준다. 벼를 말리고 있을 때 갑자기 비라도 내리면 벼를 빨리 꺼랭이(삼태기)에 담아서 가마니에 담고, 덕석을 말아서 헛간에다 넣어야 하는데, 그 시간이 번개처럼 빨랐다. 조금 늦으면 나락이 썩거나 다시 말리려면 시간이 오래 걸린다.

탈곡할 때쯤, 보통 첫눈이 온다. 벼를 말려 방앗간으로 가 찧는다(도정한다). 그리고 일 년 치 양식을 뒤주에다 넣고 먹는다. 여기서도 쥐하고 또 전쟁해야 한다. 지금은 쌀을 그때그때 마트에 가서 사다 먹어 쌀벌레가 없다. 그 시절에는 한 번에 열 가마까지도 정미하니 여름에 쌀벌레가 생길 수밖에 없었다. 60~70년대생은 쌀벌레를 먹고 살았다고 해도 과언이 아니다. 지금은 벼를 베고, 논에 말리고, 뒤집어서 다시 말리고, 묶어서 논 가장자리에 보관했다가 집으로 가져와 탈곡하는 이 8개의 과정을 콤바인이 단번에 한다.

방앗간

왜정시대에는 잘 모르겠다. 1950년대 초에 생겨서 몇 년 동안 섬진강 건너편 들녘 봇도랑에 돌보 물레방아가 있었다. 모든 게 땅에는 흔적이 하나라도 남게 되는데, 지금은 흔적도 없이 사라져 그 물레방앗간을 말하지 않으면 어디에 있었는지 알 수가 없다. 사진 한 장, 글 한 자 남기지 않았으니 주춧돌 기둥도 단 한 개도 남은 게 없어 세월이 지나 들녘이 되어버렸다. 이런 것은 그 시절의 어르신들이 정확하게 설명해 주어야 하는데 정확히 설명해 주는 사람이 없다. 어느 어르신께, "옛날 정미 시설(방앗간)도 현재 사용하고 있는 정미 시설과 같아요?" 하고 내가 여쭤봤더니, "아니지. 절구통에 넣고 쿵쿵 도구질(절구질)을 하여 찧었지." 하고 대답하신다. 기계 수출을 많이 해본 나는 기계의 원리는 어느 정도 알기에, 그 원리를 기준 삼아 돌보 물레방앗간 이야기를 써 보겠다.

위에서 물이 떨어지는 낙차의 원리를 이용하여, 우리가 공원에서 종종 볼 수 있는 둥글게 돌아가는 물레방아와 그 힘으로 정미하는 방아가 디딜방아식 절구이다. 돌로 된 절구는 디딜방아 절구에 비해 어마어마하게 크다. 디딜방아 10개를 합쳐 놓은 것보다 더 크다. 사람의 인력으로 20명이 할 것을 한 번으로 할 수 있는 초대형 절구이다. 늦가을이나 초겨울에 방축리 앞 섬진강 나무다리에는 방아를 찧는 사람들의 오가는 소리가 밤낮없이 가득했다. 또, 서도역에서 바라보면 호롱불이 등대처럼 보였다. 그 호롱불을 등대 삼아 저녁에 무서운 발걸음도 가벼이 다녔다. 그 후 세월이 많이 흘러 등댓불은 교회의 십자가가 대신했다.

50년대 후반 디딜방아식 물레방앗간은 없어졌는데, 사실 디딜방아식은 원시 시대의 정미 방식이다. 충격을 가해서 벼 껍질을 벗기는, 그냥 단순한 과정이다. 소가 큰 둥근 돌을 돌리는 연자매 방식도 있었지만, 현재 우리가 먹는 쌀 9분 도로 정미한다면 충격이 너무 많이 가해져 쌀이 거의 다 깨져 싸라기로 변해 밥을 지었을 때 맛있는 밥이 안 되었다. 그래서 그 후, 물로 하는 것은 같으나, 방식은 다른 '밀방아'란 것이 나왔다. 밀방아란 아래로 흘러가는 물의 힘, 즉 자연스럽게 흘러가는 물 밑바닥에 물레를 걸어서 물이 흘러가는 힘으로 동력을 얻었다. 팽이 돌리는 식의 물레방아다.

　정미 방식은 오늘날 정미소와 비슷했다. 고춧가루, 떡가루, 떡 등 제법 모양새를 갖춘 오늘날의 종합 방앗간과 같은 방식이었다. 오늘날의 방아 방식은 동력이 많이 필요해 마력이 높아야 하는데, 밀방아 방식은 물이 흐르는 힘에 의존하므로 동력의 힘에 부쳤다. 그래서인지 밀방아 방식은 50년대 말 아니면 60년대 초에 폐기되었다. 사람들의 기억으로 지금 버스 정류장 아래에 있었다. 방앗간 터나 주춧돌마저 어느 것 하나 남아 있는 게 없다. 우리 동네 냇가에 방앗간이 있었다는 것도 최근에야 알았다. 기록이 없어서이다. 그 시대에 방아 시설을 이용한 어른들이 아직 살아계셔서 이야깃거리가 될 뿐이다.

　우리 세대의 기억으로는 60년대에 마을 입구 정지나무 옆에 정미소가 생겼다. 동력이 디젤이었고 디젤이 몇 마력인지는 몰랐지만, 어린 내가 볼 때는 어마어마하게 거대하게 보였다. 현대식 정미소는 이전 것과 달리 왕겨 나오는 곳과 몽근겨가 나오는 곳이 달랐고, 정미한 쌀이 위에서 떨어지게 설계된 정미소였다. 쌀이 떨어지면 가마니만 대고 있으면 알아서 담아진다. 돌보 물레방아, 즉 손으로 하는 것과는 큰 차이가 있다. 보리방아, 밀가루 제분하는 것도 너무 편리해졌다. 고추 방아(고춧가루)를 찧는 디딜방아식 방아는 얼마 되지 않아 지금의 레일 방식인 오수 고춧가루 떡방앗간으로 넘어갔다. 디딜방아식 고추 방아는 잠깐 사용하다가 80년대 초에 박물관인가 하는 곳에 옛 수집가에 의해 매매되었다.

90년대 초에 없어졌지만, 디젤 동력 정미소는 우리 마을의 자랑이었다. 몇 개의 마을 중 우리 마을만이 앞에 방앗간이 있어서 정말 사람들도 항상 많았고, 꼬마들도 정자나무 밑에서 항상 함께 놀았다. 그곳이 어린이들의 놀이터였다. 그땐 생쌀을 많이 먹었는데, 생쌀이 왜 그렇게 맛있었는지 정자나무 시원한 그늘 밑에서 생쌀이라도 먹으려면 늘 꼬마들은 방앗간과 정자나무를 찾아 놀았다. 또 항상 방앗간 근처에는 쌀을 찧으러 온 어른들이 계셨다. 새참 때가 되면 막걸리 한 잔씩 먹으려고, 그땐 지나가는 사람도 한 잔씩 주었으니까, 어른이나 아이나 가릴 것 없이 사람들이 모여 북적거렸다.

 지금은 직접 쌀 방아를 찧어서 식량을 하는 집이 없다. 가을걷이해서 정미소에 벼로 팔고, 그때그때 사 먹는다. 겨울에 볏짚으로 가마니를 만들어 쌀 방아 찧던 그런 시절은 역사 속으로 사라졌다.

마을 방송

　인류가 역사를 시작한 이래 이 시대에 세상이 가장 많이 바뀐 그것 같다. 왜냐면, 이 세대에 문화가 많이 발전했기 때문이다. 우리가 태어날 땐 대부분 지역에 전기가 없었다. 조선 시대와 거의 같았다. 주거 환경 등 모든 것이 거의 변하지 않았었다. 조선 시대의 삶이 그대로 이어져 왔다. 역시 조선 시대처럼 배가 고픈 시대였다.
　60년대생은 초등학교 고학년이나 중학교 때 전기를 경험한 세대가 되었다. 전자 제품을 사용하여 세상이 편리해졌다. 불 때서 밥을 하는 것이 아니고, 전기를 꽂으면 알아서 밥이 되고, 여름에는 더울 때 에어컨으로 시원해지니, 부채로 겨우 더위를 쫓는 시대에서 온도에 맞게 생활하는 일종의 전기 만능 시대가 되었다.

마을 통신은 마을 회의 때 한 집 한 집 모든 마을 사람이 다 들리게 전달한다. 우리 동네 높은 술메기 동산에 올라가, 저녁 시간이면 "보시오! 보매기 나오시오. 마을 사람들, 어서 나오시오." 하고 큰소리로 마치 성악 벨칸토 창법처럼 외치던 아저씨가 계셨다. 그 아저씨는 30년 전 이미 고인이 되셨지만, 지금도 그 목소리가 생생하게 남아 있다. 그러다가, 새마을운동 이후 마을 회관에 앰프를 설치하고부터는 마을 뒷산이나 앞산에 확성기를 매달아 방송하였다. 방송뿐만 아니라 가끔은 유행가도 방송했다. 확성기가 지금도 일부 지역에는 남아 있다. 한편으로 저녁에 집마다 방문해서 연락했다.

확성기 소리는 일부 집에는 정확하게 들리지 않았다. 그 이후 마을 이장 집에 자석식 전화기 한 대가 설치되었다. 그리고 80년대에 들어서 다이얼 전화가 집마다 놓이게 되어 전화로 연락하게 되었다. 그 후, 삐삐나 씨티 핸드폰을 거쳐 지금은 휴대전화 1세대, 2세대, 5세대까지 나왔다. 요즘은 앱으로 회의하고, 각종 행사 등을 알린다. 외국에 나가 있는 사람도 동시에 연락되고, 금융 일도 은행에 갈 일 없이 휴대전화 하나로 한다. 기차, 비행기 표까지 예약할 수 있다. 국내 시장 물건뿐만 아니라 해외 시장 물건까지 산다. 뉴스, TV, 학습 강의 등 모든 생활을 손안에서 할 수 있다. 짧은 한 세대 동안 세상이 너무 변했다.

내 고향의 사계

내 고향 마을은 뒤에 산이 병풍처럼 둘러 있고, 앞에는 섬진강 두 큰 물줄기가 흐르다가 합쳐진다. 수월에서 나오는 작은 시내가 합쳐져 삼계석문(三溪石門)으로 이어진다. 어른들이 배산임수라고 말하는, 소위 작은 한양이라고 불렀던 곳이다. 멀리 해발 약 1,000m 만행산 천황봉이 보이고, 시원스레 40리 정도가 탁 트여 있다.

봄이면 진달래가 연분홍색으로 산에서 산으로 이어지고, 여름은 산과 들이 푸르고 하늘도 푸르다. 섬진강의 맑은 물은 더 깊게 흘러 드넓은 은빛 빛나는 하얀 모래밭으로 끝없이 펼쳐진다. 모래밭 옆 진초록색 밀밭이 녹색의 정원인 듯 펼쳐져 있는 그곳이 우리 마을이다.

가을에도 황금물결 들녘에 기차는 코스모스 터널을 달리고, 단풍이 그림처럼 펼쳐지며 가는 발길 발길마다 아름답게 수놓는다. 밤나무에서 밤이 떨어지고 산 열매도 싱그럽게 영그는 가을이 오면 수확의 기쁨으로 더욱 설레는 고장이다. 겨울에는 산과 들에 하얀 눈이 덮이니 한 폭의 설경을 이룬다. 내 고향 사계를 노래로 만들어 보았다.

〈보고픈 내 고향〉

−이강국 시 / 신귀복 곡

눈을 감으면 아련하게 떠오르는 그림 하나
작은 언덕 예배당이 보이는 내 고향마을
봄이 되면 살구꽃 향기 마음마저 물들이고
여름이면 매암이 소리 가득한 늙은 느티나무
해 질 무렵 출렁거리는 금빛 물결 은어 떼가
눈을 감으면 기억 넘어 그곳에서 춤을 춘다. .

눈을 감으면 아련하게 떠오르는 그림 하나
들녘의 황금물결 일렁이는 가을 햇살
겨울이면 눈 덮인 고향 한 폭의 설경이 되니

얼음판에 팽이 치며 노닐던 그리운 친구야
불러도 대답 없는 내 그리운 추억이여
아~ 보 고픈 내 고향, 맘에 담아 불러본다. .
아~아~아~아~아 보고픈 내 고향

　내 고향 근처에 서도역이 있었다. 아름다운 역이었다. 역에 가는 길은 다리가 없고, 겨울에만 나무다리를 만들어 놓았다. 겨울에는 물이 거의 없어 다리가 물에 떠내려가지 않으므로 늦가을에 다리를 놓고 늦은 봄에 다리 나무 상판을 뜯어서 방천 위에 올려놓았다. 여름은 누구나 신발을 들고 물을 건너서 온다. 역에 다다르면 역 가까이 방앗간과 이발소 두 군데와 편물점, 국수집, 과자 파는 가게, 고기 파는 정육점 등이 있다. 거기는 우리 마을하고는 별천지였다. 항상 사람들이 많았다. 오가는 사람과 볼일 보러 오는 사람들 때문에 차가 오는 시간쯤 되면 너무 붐볐다.
　서도역은 겨울만 빼고 항상 아름다웠다. 봄에는 봄꽃, 레일 옆에는 벚나무 들이 꽃 터널을 이룬다. 여름에는 칸나가 빨갛게 피었고, 가을에는 건널목부터 이어지는 긴 코스모스길 레일이 정겹게 오가는 사람들을 맞이한다. 왜 철도역마다 코스모스를 레일 따라 역 구내까지 심었는지 모르겠다. 가을 하면 고향 기차역이 생각나고, 코스모스가 생각난다. 50년 전 일이다. 이제는 서도역이 폐역되었다. 지금은 역사만 있고 차는 정차하지 않는다. 구역사는 소설 『혼불』로 읽히고, 영화나 텔레비전으로 촬영되어 그나마 추억이 깊은 공간이 되었다.

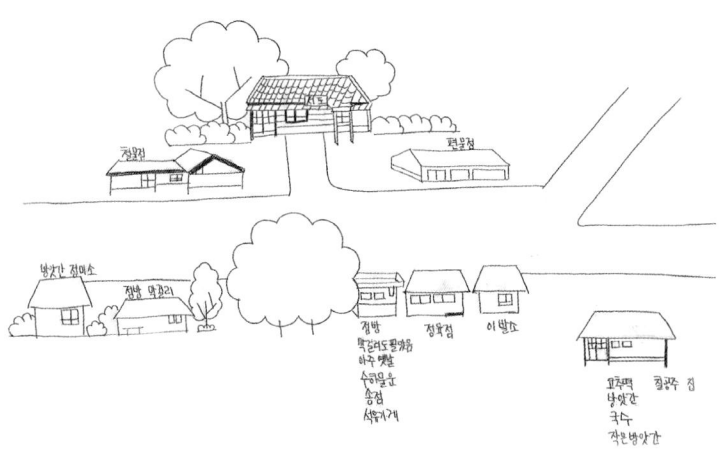

오수장 가는 길

우리 동네에서는 남원 장도 가지만 대부분이 오수장을 이용했다. 그 옛날 오수장은 순창군 동계에서도 마을 앞길로 30리 길을 걸어서 다녔다고 한다. 장날이면 섬진강 둑으로 지나가야 하는데, 우리 마을을 통과하게 된다. 지금 80이 넘으신 분들의 말씀으로는 우리 마을은 500년이 넘는 전주 이씨 효령대군과 순천 김씨의 집성촌이다. 우리 마을을 지나갈 때 옷에 단추를 한 개라도 풀고 가거나 술을 먹고 지나가면, 잡혀서 혼나거나 훈계받았다고 한다. 그땐 쑥뱅이 골짜기와 웨기재에서 나무를 해서 장에 파는 나무꾼과 장꾼 사람들이 많았다.

내가 처음 장에 따라가 본 것은 5살 무렵이다. 엄마 따라 집에서 출발하면, 엄마는 쌀 한 말 정도를 머리에 이고 강사 앞을 지나 공동묘지가 있는 무서운 곳 공동묘지 산인 도수끔을 지나간다. 꼬마 시절부터 지금까지 거기만 걸어가면 무섭다. 탑골 앞을 지나면 새터 앞 물레방앗간이 나온다. 어린 시절엔 물레방아가 아주 신기하게 보였다. 물레방아는 방아 찧을 때만 돌린다. 100m를 지나면 커다란 정자나무를 지나게 되었다.

지금은 마을 길이 큰길과 연결되어, 정자나무는 마을 한쪽 모퉁이에 있다. 지금은 쉬어 가는 사람은 일부러 나무를 찾아가야 한다. 그 시절에는 나그네 등 모든 사람이 그 정자나무에서 쉬어갔다. 정자나무가 마을로 들어가는 입구에 있어 누구나 쉬었다.

오수 가는 길옆 초가집 한 채가 있었는데, 담은 돌담으로 흙먼지 날리는 길옆에 있는 초가지붕에 박과 호박꽃이 피는 장독대엔 봉숭아 몇 그루가 있었고, 아이들은 흙에서 놀고, 마치 그림에서

나 나오는 풍경화처럼 그런 먼 옛날 시골집이었다.

 그 집은 둔덕 고을에서 오수 가는 길의 마지막 집이고 오수에서 동네로 들어오는 첫 집이라 마을과는 떨어져 있는 집이었다. 그 집에서는 막걸리와 두부를 만들어 팔았고, 장에 가는 사람들

 이나 지나가는 목마른 사람에게 물 한 바가지씩을 퍼 주었다. 그때 그 물, 두레박으로 올려서 떠 준 그 물이 어찌나 그리 시원하던지! 때때로 아주머니는 두부를 만들어 머리에 이고 마을에 다니면서 팔았다. 그렇게 정이 넘치고 훈훈한 아주머니는 오래전에 고인이 되어 지금은 안 계시고 집도 언제 철거됐는지 모르지만, 오랜 기억 속에 그분의 음덕으로 그 정만큼 자녀들은 잘되었을 그것으로 생각한다.

 그 집에서 500m 정도 걸어가면 또 무서운 곳인 덤 바위 정자가 있어 여기도 무서웠다. 물이 깊고 너무 외져서 강도가 있었고, 또 물에 빠져서 사람이 죽었다고 들었다. 그런 고정관념이 남아있는지, 지금도 밤늦게 자동차로 지나가면 이 구간은 빨리 달린다. 여기를 지나 500m 정도 가면 과수원이 나온다. 배 과수원이었는데, 울타리가 왜정시대부터 있던 튼튼한 일제 울타리였다. 어린 시절 과수원집은 뭘 해서 그렇게 땅이 넓은 부자인지 궁금했다. 어느 날, 장에 지나가다 보면 약간 흠(결점)이 난 배를 밖에다 버리려고 쌓아 놓았다. 그러면 사람들이 지나가다 일부는 골라서 먹고 몇 개는 집에 가져가 먹었다.

최근에 알았지만, 그 과수원은 적산 가옥으로 어느 공무원이 불하받은 집이었다고 한다. 그 시절 소학교만 졸업하면 면이나 군 서기로 일할 수 있었는데, 그때 공무원이라 불하(정부 매입 땅)받았다. 사람은 그래서 배워야 한다. 오로지 정직하게 농사만 지으면 하늘은 거짓말을 안 한다고 한다. 물론, 맞는 말이다. 하지만 2,000년 전 시대에도 농업은 일을 제일 많이 하면서도 제일 못사는 직업이라고 하지 않았던가.

관월리 국궁장, 언제부터 있었는지는 모르지만, 활을 쏘는 데가 있었다. 그때 관월리 마을을 통과하며 지나다녔는데, 지금은 국궁장 앞으로 지나다닌다. 최근에서야 담으로 막아 놓았는데, 그때는 담이 없었다. 근처에서 활을 쏘는데 담이 없었으니 얼마나 위험했던가? 그래도 화살로 다친 사람은 들어보지 못했으니 다행이다.

관월리서 냇가를 건너자면 빨래를 빠는 아낙네들이 많았고, 장날에는 인산인해였다. 지금은 다리가 두 개나 건설되었지만, 그때는 징검다리도 아니고 다리도 아닌, 다리 비슷한 곳으로 건너가고, 비가 많이 오는 날이면 저 멀리 삼계 가는 길로 돌아서 왔다고 들었다.

장터에 들어서면 사람이 어찌나 많은지, 어린아이로서는 새로운 세상을 구경하는 것과 같았다. 동네에 있다가 장터에 와 보니, 그렇게 넓고 먹을 것도 많고 사람도 너무 많다. 과자를 목판에 펼쳐 놓았다가 신문지 봉투에 넣어서 주었는데, 엄마 치마 붙잡고 졸졸 따라다니던 것이 지금도 생각난다.

30년 전에 방글라데시 시골 시장에 갔었는데, 지난 우리 시절하고 똑같았다. 방글라데시 아이들도 엄마 치마 잡고 머리는 빡빡머리, 얼굴은 햇볕에 타서 시커먼 얼굴, 코는 질질 흘리고 시장에서 과자는 파리가 새까맣게 앉아있는데, 파리를 쫓으면서 과자를 파는 모습이 똑같았다. 그때는 그 과자를 먹어도 배탈이 나지 않았는데, 지금 먹는다면 당장 병원에 가야 할 것이다.

장에 간 어머니들은 오후에 돌아오는데, 돈 한 푼 아끼려고 점심을 거르고 집에 와서 늦은 점심을 먹었다. 장에서 사 온 과자를 들고 장에 간 이야기들을 동무들에게 자랑했다. 그 시절에는 장에는 아기들은 잘 안 데리고 다녔지만, 나는 막내 늦둥이다. 형하고 누나들은 나하고 나이 차이가 나 엄마가 나만 돌보면 되었다. 그래서 엄마를 따라 장에도 갔었고, 누나가 강경에 살고 있어 동무들보다 몇 년 일찍 기차 여행도 해보았다.

학교 가는 길

 집에서 학교까지는 약 1.7킬로가 되었다. 두 개의 길이 있는데, 우리가 형과 누나를 따라다녔던 저학년 때 간 길이 있고, 5학년이 되어서 간 길이 있다. 5학년 때 우리 학교 손님으로 오신 장학사 선생님이, 왜 학생들이 교문으로 안 다니고 후문으로 다니냐고 선생님께 말씀드렸나 보다. 어느 날 선생님이 갑자기, 조회 시간에 교문으로 다니라고 하셨다. 교문으로 다니면 많이 돌아서 간다. 그 후론 다들 교문으로 다니고 후문으로는 다니지 않았다.
 정문으로 돌아가면 불편한 점이, 멀리 돌아가는 것도 있지만 가장 불편한 것은 비 올 때 겨울에서 봄이 오는 길목이면 황톳길이 되어 질컥질컥해서 발이 빠진다. 고무신에 들어온 흙이 거짓말 보태서 한 짐이다. 특히 봄이 오는 길목에는 황토 땅에 서릿발이 서

려 있었다. 녹으면 정말 신발은 황토 신이 되고 바짓가랑이에 흙이 붙어 또 한 짐이다. 후문 길에 서릿발이 덜한 것은 동네 사람들도 다니고 학생들이 매일 다니기에 흙이 포장도로처럼 단단하게 들러붙어 묻지 않았기 때문이다.

학교가 가운데에 있고 좌측으로 우측으로 3개의 마을이 있었다. 6개 마을이 후문 쪽으로 다녀야 마을하고 학교가 가까운 길이었다. 5학년 이후론 강사(집 이름) 앞으로 난 작은 산길로 다녔다. 우리 동네는 그래도 나은 편이다. 탑골, 새터에 사는 학생들은 학교에서 집에까지 200m~500m가 되었다. 엎드리면 코 닿는 데에 집이 있는데, 정문으로 돌아가야 해서 비탈진 산길을 돌아 위험을 감수하고 다녀야만 했다. 얼마나 힘들었겠는가.

정작 선생님은 후문으로 다니셨다. 정말 부모님 중에 똑똑한 사람이 있었다면 민원을 넣었을 것이다. 그때 학교 선생들은 순진하기만 하셨나 보다. 누가 "왜 학생들이 교문을 이용하지 않냐?"고 물으면, 내가 선생이었다면 이렇게 대답했을 것이다. 학교와 마을의 위치를 설명하면서 길이 교문 쪽은 안 좋아서 사용 안 한다고. 그리고 돌아가면 멀어서 어린 학생들이 고생하고 미끄러운 산 비탈길은 위험하다. 그렇게 말하면 그 사람이 남의 학교에 이래라저래라 했겠는가? 그저 '그랬구나!' 했겠지.

아무튼, 그때 선생님은 학생 관점에서 잘 대변하지 못하신 것 같다. 학생들이 지각할 것 같으면 후문으로 들어왔다. 나중에 선생님이 아시고 꿀밤 한 개씩 주시곤 했다. 초등학교 시절엔 다들 그렇게 순진했다. 선생님들은 편하셨을 거라고 본다. 선생님 말씀이면 다 맞는 것으로 알았으니까.

방축리에서 우리 집으로 오는 길이 있었다. 지금은 없어졌지만, 동녘골로 오려면 항상 우리 땅을 지나가게 되어 있었다. 방축리 애들이 학교 가는 소리가 나면, 기다리다가 그때 같이 가곤 했다. 둔덕리 동네 가운데 길로 걸어가면 큰 넙적바위 사이에서 자란 정자나무를 지나 교장 선생님 댁 앞으로 지나간다. 교장 선생님 댁 옆집 회동댁 꾸지나무가 한 그루 서 있었는데, 꾸지열매가 빨갛게 익으면 학생들이 떨어진 것을 주워 먹거나 나무에 올라가 따 먹기도 했다. 그러다가 주인아저씨에게 혼쭐나고 그랬다. 그 집이 마을의 마지막 집이었고 너상굴에 다 다를 때까지 집이 없었다. 여기도 혼자 오면 무섭다. 작은 방죽이 있고 양쪽으로 묘가 많다.

언덕을 넘으면 너상굴 마을이 보이고 학교도 보인다. 너상굴 논둑길을 걸어서 학교에 가는 길은 봄이면 버들강아지가 피고 올챙이가 그렇게 많았다. 개구리알은 거기서 처음으로 본 것 같다. 사시사철 아름답다. 너상굴 마을은 집과 산이 붙어 있어 봄, 여름, 가을, 겨울 뚜렷이 기억난다. 여름에 비가 많이 내려 한 번 학교에 못 간 적이 있었다. 그때는 산에 지금처럼 나무가 없어 비만 오면 붉은 황토물이 순식간에 불어났다. 도랑을 건너다가 검정 고무신이 벗겨져 물에 떠내려가면, 신을 못 찾고 그냥 신발 하나만 신고 올 때도 있었다. 집에 오면 엄마에게 꾸중을 듣는다. 물을 건널 때는 신발을 벗고 가야지, 고무신이 두 켤레 있는 것도 아니고 장에서 다시 사 와야 하기 때문이었다.

  1972년에 새마을운동으로 집 도랑의 징검다리는 새로 건설해 다리로 다니게 되었지만, 당시에 집 앞 도랑에서 신발이 물에 빠지면 나무하는 갈퀴로 바닥을 긁어내면 신발이 나왔다. 신발이 한 번에 나오면 다행인데, 몇 번 해보다가 친구 것까지 찾으려고 대나무 갈퀴를 계속 물에 넣으면 갈퀴 뻐드러(뻗쳐)진다고, 아버지에게 혼도 나고 그랬다. 너 상굴에 관한 기억은 지금도 간직하고 있다. 다음에 2015년에 처음으로 쓴 동요를 올려 본다.

〈봄의 노래〉

  －이강국 작사 / 신귀복 작곡

1.
산골짜기 시냇물이 졸졸 흐르면
개구리도 신이 나서 합창을 하지요
버들강아지 간지럽게 지휘하고
송사리는 흥에 겨워 꼬리 춤을 추지요

2.
파는 하늘 종달새가 따라 부르고

봄의 노래 메아리로 호이 호오이

연분홍빛 진달래도 함께 부르면

아름다운 봄의 노래 울려 퍼져요

학교에 다니는 길의 기억을 더듬어 쓴 동요이다.

곡을 붙이신 작곡가는 70년대 그 유명한 곡 '얼굴'을 작곡했다.

여름날의 일기

　우리 마을은 7~8월엔 지금처럼 덥진 않지만, 온도가 28도에서 30도 정도 되었다. 반바지하고 러닝셔츠만 입고 다녀 온몸과 얼굴이 새까맣다. 감나무에서 떨어진 풋감도 줍고 물에 담가 놓으면 우려져서, 나중에 먹으면 그런대로 맛이 있었다. 지금 먹는다면 배탈이 나겠지만.
　임실 오수천 냇가에는 큰 자갈과 작은 자갈에 섞여 예쁜 돌들이 많이 있었다. 남원시 보절면 천황봉부터 시작되는 냇가는 20리 이상 모래가 이어져 3개 물줄기가 합쳐진 삼계석문까지 이어졌다. 모래가 대부분이었지만 한 군데 돌이 있는 곳도 있었다. 여러 가지 돌 중엔 자동차 모양으로 생긴 돌도 있어서 모래 위에서 자동차 놀이도 하였고, 하늘 높은 곳은 종달새가 노래를 부르며 떠다녔다. 훗날 영어 공부할 때 종달새라는 단어 'Skylark'는 한 번 듣고 자동으로 기억한다. 높은 곳 종달새노래 하는 것을 어린 시절 자주 봐서 정말 외우기가 쉽다. 참 정겨운 봄의 풍경이었다.

그런 곳을 자세히 둘러보면 종달새 둥지가 있었고, 둥지 근처로 가면 하늘에서 유난히 지저귀는 것들이 있었다. 아마 알을 보호하려고 시끄럽게 해 둥지 근처에 오지 말게 하려는 신호였나 보다. 하늘색 새알이 몇 개 있었고, 파란 물총새도 종종 날아다녔다.

물놀이는 그렇게 즐겁고, 작은 피라미 한 마리라도 잡으면 너무 기뻤다. 물에서 종일 놀아도 지겹지 않았다. 그 시절 물놀이는 지금 생각해도 즐겁기만 하다. 여름 성경학교에서 선생님이 점심 먹고 오후에 학교 앞 섬진강 가로 물놀이 가자고 하면 그렇게 좋을 수가 없었다. 그날 하루는 정말 신나는 날이었다.

보릿대를 모두 다 불 때고 나면 나무가 모자라 아버지들은 산에서 생풀과 작은 나뭇가지를 베어 오신다. 풋나무를 해 오시는데, 흙 마당에 풋나무를 널어놓으면 그 풀 내음의 향기가 좋았다. 하늘엔 뭉게구름이 하얗게 떠가는데, 그 하늘을 자세히 보면 때론 양떼구름의 모양은 새끼 양떼구름을 데리고 엄마 구름을 찾아가는 모습도 보인다. 아주 정겨운 시골 풍경이었다. 밤나무 사이로 망초꽃 만발한 꽃은 하얗게 수 놓는다. 밤나무 그늘 밑 짚가마니를 깔고 앉아있으면 그렇게도 시원했다. 그때의 시를 하나 남겼는데, 다음과 같다.

〈내 고향 칠월〉
-유튜브에서 '풀 향기 가득한 그곳에' 검색
-이강국 시 / 김선자 작곡

1.
초록의 그림이 펼쳐지는 내 고향 칠월에는
송아지도 병아리도 밤나무 그늘 아래서
여름날의 나른함을 푸근한 낮잠으로 보내면
산 너머 걸쳐 있는 하얀 뭉게구름도 잠시 쉬어 간다

2.
뒤뜰에는 하얗게 수줍은 망초꽃 가득하고
밤나무 숲에서는 풀향기 가득한 실바람이
산새들과 어우러진 맴 소리로 불어올 때
허리 굽혀 일하시는 내 아버지 땀방울 씻겨다오

여름 저녁 덕석(짚으로 만든 멍석)을 펴고 칼국수 먹으며 사립문 밖 하늘을 보면 북두칠성 밝은 별빛이 마당에 떨어지듯 쏟아지고, 덕석 위에 앉은 엄마 무릎을 베고 잠이 든다. 모기에 얼마나 물어 뜯겼는지 모른다. 하지만, 그때는 스르르 잘만 꿈나라로 갔다.

봉천지기 다랑논(천수답)

동네에서 학교 가는 길에 커다란 연못이 있었고, 그 밑으로 다랑논 있었다. 방죽 가에는 오래된 뽕나무가 있고 뽕나무 옆 밭엔 고추를 심었다. 뽕잎이 나오면 봄 누에 치는 때가 오면 뽕을 따러 갔다.

다랑논에는 하지 감자를 심고 보리를 심었다. 감자와 보리를 수확하고, 오디가 익을 때면 오디도 많이 따 먹었다. 가끔 아이들이 오디를 따먹다가 뽕잎을 망쳐 놓아서 엄마와 누가 다 속상해했다. 논에 모를 심을 때엔 냇가에서 붕어 새끼 몇 마리를 잡아다가 방죽에 넣어줬다. 그러고 나면, 곧 장마철이 온다. 장마철엔 방죽에 물이 가득 찼다. 가득 찬 물은 추수할 때까지 조금씩 나누어 다랑논에 물을 때 준다. 그 다랑논은 지금은 농사를 지을 수가 없다.

트랙터가 들어갈 수 없기 때문이다. 지금은 밭으로 사용한다. 농사를 지으면 밥 지을 때까지 모든 게 다 노동이었다. 가을 벼가 황금빛으로 물들면 방죽 물은 서서히 줄어서 거의 바닥을 드러낸다. 나락(벼)을 베고 나서 낟가리를 묶을 때 방죽 물을 완전히 빼면 봄에 넣었던 붕어가 작은 잉어처럼 커져 있었다. 몇 마리를 잡아 쌀을 넣고 푹 고아 온 식구가 앉아 보약이라며 맛있게 먹었다.

모산재 목화밭과 고추밭은 마을 밖에 있어서 인적이 없는 곳이다. 그 아래를 보면 삼계석문 푸른 물과 하얀 모래가 보였다. 삼계석문 근처의 그 밭 땅 주인은 집안이고 대지주였다. 항렬이 나하고 같아 엄마에게 '아짐'이라고 했다. 그 밭은 6·25 사변과 휴전 이후에도 빨치산 토벌로 군인들이 보초를 서는 초소가 있었다고 했다. 대낮에도 늑대가 나오곤 하던 때였다.

그때는 엄마 따라다녔을 때였다. 고추를 따고 돌아올 때 비가 오면 집까지는 먼 거리여서 비도 맞은 기억이 난다. 우리 땅은 아니었지만, 엄마는 일 년 땅세를 말린 고추 한 소쿠리 정도로 주었는데, 땅 주인이 안 받아 간다는 것을 엄마가 억지로 떠밀다시피 해서 주었다.

엿장수 약장수

35년 전 방글라데시 치타공을 처음 방문했을 때, 나는 한국의 60년대 모습을 본 것 같았다. 길거리 시장이며 먼지가 나는 도로며, 버스가 지나가면 먼지가 뽀얗게 앉았다. 길거리에서 음식을 팔고 있는 모습 하며 코를 반쯤 흘리고 다니는 아이들이 헌 음료수병이나 고물들을 주우러 다녔다. 아이들이 자전거에 얼음과자를 싣고 다니면서 파는 모습까지 같았다. 극장 앞의 영화 포스터나 큰 그림 등을 보면, 오늘 영화는 너무 애절해서 눈물 없이는 결코 볼 수 없으니 수건 한 장씩 가져오라는 문구가 적혀 있는 것까지도 같았다.

특히 가장 인상 깊었던 것은 거리의 약장수 모습이 어쩜 그렇게 한국에서 수입한 것처럼 똑같은지 몰랐다. 어른, 아이들, 남녀노소가 빙 둘러앉아 원숭이 한 마리를 놓고 재롱을 시키는 것도 같았다. 약장수는 허풍이 심했다. 이것은 만병통치약이라며 하버드 의대 나온 의사나 옥스퍼드대 나온 의사 있으면 여기 와 보라며, 누가 더 실력이 있는지 증명해 보자고 큰소리를 쳤다. 자기는 세상 어떤 의사보다 낫다는 둥 떠벌이면 신기하게도 사람들은 약을 사서 갔다.

우리네 60~70년대에도 그랬다. 여름에 반바지에 새까맣게 그은 얼굴을 하고 러닝셔츠만 입고 장 구경에 나섰다. 가끔 오수에서 엿장수가 마을에 오면, 고무신 떨어진 그것하고 엄마나 누나가 머리빗일 때 나오는 빠진 머리카락을 똘똘 말아서 모아 가져갔다. 아마 그런 것은 가발 공장에서 쓰이는 그것으로 생각했다. 엿장수가 가장 비싸게 쳐 주는 것은 쟁기 보습이었다. 보습이란 주석이 들어있는 쇠로 무쇠와 주석을 일정하게 섞어서 만든 쟁기의 앞부분이다. 쟁기질하다 보면 앞날이 잘 부러진다. 일반 쇠가 아니라 갈아서 쓸 수 없어, 녹여서 다시 만드는 것이라서 가끔 고물로 나온다.

마을에 점방(가게)도 없었던 때여서, 엿장수 오는 날이 꼬마들에겐 가장 신나는 날이었다. 형이나 누나들은 엿치기하였다. 엿이 두 종류가 있었는데, 길쭉하게 뽑은 현재 우리가 먹는 엿으로 엿치기를 한다. 엿 가운데를 잘라 엿의 바람구멍이 큰 것이 이기는 것이다. 엿치기에 이기려면 겉이 거친 엿을 고르면 된다. 거친 엿을 손으로 여러 번 늘이고 돌려서 바람구멍이 더 크게 나 있는 것을 고르면 그것이 먹기도 좋았다. 우리 고향 동네는 지금도 엿을 많이 해서 팔고 있으며, 전국적으로도 유명하다. 그 엿은 먹으면 치아에 들러붙지 않았다. 틀니 한 사람도 먹을 수 있었다.

또 다른 엿은 인절미랑 같은 엿판 위에 붙어 있었다. 끌로 탁탁 쳐서 떼어주는 엿이라 더 푸짐하게 보였다. 봄날의 엿장수는 긴 겨울이 끝나고 찾아온 구경거리여서 기억에 새롭다. 엿장수 중에는 손수레에 끌고 오거나 지게에 지고 오는 사람이 있었다. 손수레는 고물이어도 어느 정도 무게가 나가는 것들을 끌고 다녀도 지장이 없었는데, 지게에 바작을 대고 고물과 엿판을 지고 다니는 엿장수는 하루에 동네 곳곳을 다니면서 왕복 수십 킬로는 다녀야 했을 텐데 무겁지도 않나, 어린 내가 봐도 힘들어 보여 걱정되었다. 물론, 지게로 지는 엿장수는 내가 꼬마 때에 왔었고, 얼마간 세월이 지난 뒤에야 손수레로 고물을 수집하는 엿장수들이 왔었다.

참 먹고 살기가 힘든 시절이었다. 그 시절, 지게에 지고 다니는 엿장수는 최소 왕복 20킬로는 다녀야 했을 텐데, 지금 생존해 계신다면 80대 후반은 되셨을 것이다. 참 보고 싶다. 그 후로 얼음과자를 팔러 다니던 사람들이 왔는데, 얼음과자 일명 아이스케키 통을 자전거에 싣고 다니던 장사들도 있었고, 어깨에 메고 다니던 장사들도 있었다. 나이도 그렇게 많아 보이지 않는 청소년도 있었다. 무거운 지게를 메고 다니던 엿장수와는 달리 얼음과자는 돈으로 받으므로 통만 들고 다녔다. 가끔은 고물도 받는 얼음과자 장수도 있었지만, 한두 번으로 기억한다. 얼음과자를 지금 주면 안 먹을 것이다. 그땐 여름에 전기도 없고 냉장고도 없고 선풍기도 없던 시절이라, 여름에 얼음을 먹는다는 것은 신기한 일이었다. 달콤한 얼음과자를 먹으면 정말 꿀맛이었다.

어린 시절 놀이

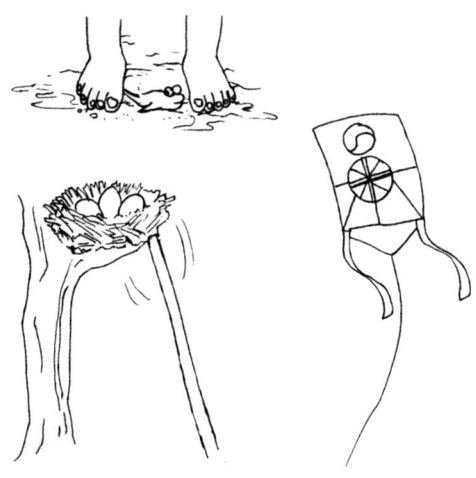

우리 동네는 부자 동네였다. 최근에 내가, 시골의 여러 동네를 돌아다니며 보니, 60년 전에 사람들이 왜 둔데기(둔덕리)를 알아주었는지 알 것 같았다. 전주 이씨 효령대군 자손들의 집성촌이기도 했지만, 들녘이 다른 동네보다 아주 넓고, 지주도 많았고, 잘 된 사람도 많았다. 1800년대 후반에 태어난 사람들 몇 분은 일본에서 메이지 대학까지 졸업하셨다고 했다.

1980년대에도 술메기 동산이 있었다. 술메기 동산은 아이들의 놀이터였다. 대부분 땅이 조금이라도 있으면 들깨나 콩을 심는데, 당시 우리 동네 어르신들은 1,000평이나 되는 땅을 놀이터로 놓아두었다고 한다.

술메기에서는 '가전놀이'라는 것을 했다고 한다. 양쪽으로 두 개의 선을 그어 청군 백군으로 나누어 게임을 했다. 게임 할 때마다 그때그때 즉석에서 선을 그리지 않고, 선에 한국 잔디를 심어 놓아 비가 오나 눈이 오나 잔디로 만든 선이 없어지지 않았다. 잔디가 많이 자라면 낫으로 베어 주기만 하면 된다. 그러니까 술 메기 동산은 '가전놀이' 전용으로 만들어 놓은 장소였다.

하지만 가전 놀이는 나 어렸을 때 있었고 그 뒤로 우리 후배는 해본 적이 없어 방법을 모른다. 4년 선배에게 물어봐도 '가전 놀이'였다고만 하지, 게임 방식은 오래돼서 모른다고 했다. 내가 꼬마 시절엔 전파사에서 알루미늄으로 된 스피커를 가져와 가요 경연대회(콩쿨대회)를 많이 열었다. 술 메기 동산에서 가요 경연대회를 하면, 동산이 언덕에 있어 노랫소리가 온 동네에 다 들렸다. 다른 동네 아이들이라도 놀러 오면 늘 술 메기 동산으로 데리고 갔다. 다음엔 내가 어렸을 때 했던 놀이를 회상해 보고자 한다.

이른 봄 시골에서는 '자치기'를 하였다. 자치기란 막대기를 가지고 노는 놀이이다. 큰 막대기 하나 하고 손 한 뼘만 한 나뭇가지로 흙바닥에 작은 홈을 만들고, 큰 막대기로 작은 나뭇가지를 쳐서 멀리 보내는 놀이이다. 얼마나 더 멀리 보내는가가 승부의 관건이다. 지금 생각해 보니, 골프 치는 원리와 같다. 골프도 힘만 세다고 멀리 나간다고 볼 수 없고, 물론 힘이 세면 멀리 나가겠지만 정확히 가운데를 맞추어서 보내야 멀리 나간다. 하는 방법을 누가 기록해 놓지는 않았지만, 하여튼 멀리 보내는 기술이 들어가야 이긴다.

발자치기는 3센티 정도의 나뭇가지를 잘라 그것을 고무신 신은 발로 차서 멀리 가면 점수가 많이 난다. 좁은 공간에서 많이 한다. '못치기'도 좁은 공간에서 한다. 큰 대못이 유리하다 못을 땅에 꽂을 때 큰못이다. 못을 키 높이 정도 들고 땅으로 던져 못이 땅에 박힌 곳부터 땅에 둥글게 둥글게 그림을 그리며 하는 놀이이다. 집을 고칠 때나 공사를 할 때 큰 못을 하나 얻거나 아저씨 몰래 한 개 훔친 못으로 못치기를 한다.

'말뚝박기' 놀이는 먼저 가위, 바위, 보를 한다. 그 뒤, 진 편에서는 주장은 서서 기둥이 되지만, 나머지 애들은 고개를 차례대로 앞 사람 가랑이에 처박아 말 등처럼 하고 있어야 한다. 이긴 편은 그 엎드려 있는 애들의 등에 훌쩍 뛰어 올라타는 놀이이다. 올라타는 과정에서 힘을 주면 말 등이 무너지거나 다 탄 뒤에 가위바위보를 하여 이기는 편이 계속 타게 된다. 일부러 힘껏 뛰어 타거나 일부러 중심을 흔들며 여럿이 한쪽으로 쏠리게 하여 넘어지게 만들기도 한다. 말들의 다리를 걸어 넘어지게도 하는 애들이 있는데 이것은 일종의 편법이다. 주로 남자아이들이 했다.

'활놀이'는 활을 쏘는 놀이이다. 대나무를 휜 뒤, 양쪽 끝에 삼베 짜는 삼 줄로 묶어놓으면 아이들이 가지고 노는 활이 된다. 70

년대 이후론 나일론 실이 나와 삼 줄 대신 나일론 실을 썼다. 나일론 실이 품질이 더 좋다. 화살은 삼을 물에 삶아서 겉을 벗겨내고 남은 삼대(대마초 줄기) 저릅대기(삼의 속줄기)로 만든다. 저릅대기는 가벼워서 화살 대로 많이 사용했다.

화살촉은 다음과 같이 만들었다. 개구리꽃나무를 베어 안에 핵을 빼면 둥근 모양의 속이 비어 있다. 이것을 짧게 잘라 저릅대기에 끼우면 화살이 된다. 버버리 화살촉이 있는데, 대나무 마디를 잘라 촉 끝이 둥글게 하면 이것이 연습용 버버리 화살촉이 된다. 아이들은 화살촉을 날카롭게 하여 꿩탄, 참새탄, 노루탄을 만들었는데 날카롭기가 다 다르다. 물론 새 한 마리도 못 잡았지만.

'불놀이'도 했다. 논두렁을 집 구들처럼 만들어 불을 피운다. 성냥이 귀할 때여서 성냥 몇 개를 주머니에 넣고 다니다가 좋은 장소에 땔감을 주워다 불을 피운다. 땔감은 여기저기 많이 널려 있어 구하기가 쉬웠다. 고구마를 가져오는 친구도 있었다. 고구마가 구워질 때까지 불을 계속 때면 언덕 위로 피어오르는 연기가 보기도 좋았다. 연기가 굴뚝처럼 나올 땐 집 아궁이에 불을 때는 것처럼 신이 나서 좋아했다.

불놀이로 깡통 돌리기도 재미있는데, 다 먹은 통조림통 뚜껑을 80% 정도 따면 나머지 양쪽 끝은 단단해서 끌 같은 것으로 따야 한다. 다음에, 못으로 깡통 전체에 구멍을 낸다. 그다음 실 같이 가는 철사를 통 양쪽에 꿰어, 그 안에 불씨와 나무를 넣고 돌리면 불이 활활 일어나며 잘 붙었다. 뚫어 놓은 깡통 구멍으로 산소 공급이 잘 되니 그럴 것이다. 밤에 돌리면 저녁 하늘에 반짝이는 혜성처럼 원을 그린다. 아이들은 자기 손으로 놀이 기구를 만들어 잘 놀았다.

 따뜻한 봄이 되면 버들피리, 전라도 사투리로 햇대기라는 걸 만든다. 햇대기는 시냇가의 버드나무 가지를 꺾어 만든다. 몇 개 만들어 굵은 것으로 만들면 베이스 소리, 가는 것으로 만들면 불기도 쉽고 소리가 가늘고 크게 소프라노 소리를 낸다.
 풍년 초는 일종의 망초꽃인데, 이른 봄에 나오는 풀이다. 캐는 것도 재미있다. 놀이는 아니고 염소 주려고 캤다. 여자아이들은 고무줄놀이했다. 동요를 불러가며 가볍게 사뿐사뿐 잘도 했다. 검은 고무신을 신고, 흔히 부르는 동요는 "고향 땅이 여기서 얼마나 되나, 푸른 하늘 저 멀리 여기가 거긴가. 아카시아 꽃잎이 바람에 날리는 고향에도 지금쯤 뻐꾹새 울겠네." 같은 노래였다. 그 노랫소리가 지금도 귀에 선하다. 남자인 나도 이 동요의 노랫말을 확실히 기억하고 있다. 고무줄놀이할 때 부르는 노래는 빠른 박자의 노래였던 것 같다.

 '공치기'도 했다. "파릇파릇 잔디 풀이 돋아난 들에 노랑 민들레가 웃고들 있네."라는 노래를 불러가며 했다.
 공기놀이는 주로 흙바닥에서 한다. 겨울에는 손이 시리니까 잘 안 했다. 남자애들은 잘 안 하고, 주로 여자애들이 했다. 공깃돌은 시냇가 자갈 많은 곳에서 예쁘고 작은 돌을 주워다 공기놀이한다. 제일 품질이 좋은 공깃돌은 검은색이 나는 옛날 흙 기와를 주워다가 작은 조각으로 만든 뒤 동그란 모양으로 만들었다. 이 공깃돌을 한 줌 집어 공기놀이를 하면 손에도 잘 잡히고, 딱딱 기분 좋은 소리가 났다.

여름에는 더워도 축구를 했는데, 형들이 돼지 오줌통을 갖고 차는 것도 한 번인가 보았다. 그런지 얼마 뒤에 고무공이 나왔다. 그런데, 운동장이나 평지에서 차면 괜찮은데, 잘못 차서 작은 나무 사이로 떨어져 굴러가면, 그 당시 많았던 아카시아 가시에 찔려 바로 펑크가 났다. 그걸로 그날은 축구가 끝났다. 고무공이 너무 약했지만, 가격이 저렴해 다시 사서 썼다.

당시 초등학교에 입학하면 저금을 하게 했는데 6학년 졸업 때쯤 주었다. 73년 가을, 우리 세대가 졸업할 무렵, 친구 한 명이 그 돈으로 800원을 내고, 다른 애들이 각각 100원씩을 내어 십시일반으로 1,700원을 모아 지금 사용하고 있는 가죽 공을 사서 축구를 하게 되었다. 정말 너무 좋았다. 펑크가 없고, 바람을 한번 넣으면 오래 사용했다. 나중에 선배들이 빌려 가 동네 공이 되었다. 그 더운 여름에 축구는 왜들 그렇게 심하게 했는지 모르지만, 당시는 김정남, 차범근, 이회택이 활약할 때였다.

방축리 왕산 바위의 바위틈에 정자나무가 있었다. 그 바위에 꼰노('고누두기'의 방언) 하고 '호박치기' 놀이의 도안이 새겨져 있었다. 그 도안을 언제 새겨 놓았는지는 모른다. 39년생인 형님에게 물어보니, 자기네들 어렸을 때도 있었단다. 현재 '고누두기' 놀이는 아는 사람도 있고 마을의 지역 학교에서 고전 놀이로 하고 있다. 그러나 호박 치기는 아는 사람이 없다. 역사 속으로 사라진 것이다. 나도 어릴 때는 많이 했는데 어떻게 하는지 기억이 없다.

'먹자치기'는 사투리고 표준어는 '비석치기'다. 주로 냇가에서 납작한 돌을 주워서 많이 했다. 여기저기서 많이 했으며 봄 여름 가을 놀이이다. 겨울에 놀이한 기억은 없다.

여름 놀이의 꽃은 '물놀이'다. 물에서 수영하고 물고기를 쫓아다니면 시간 가는 줄 몰랐다. 작은 나뭇가지와 나무 말뚝으로 물을 막아 놓은 보(洑)가 있었다. 지금은 시멘트이지만 보 안엔 물고기가 많이 있었다. 보를 막아 놓은 나뭇가지 사이로 손을 넣어서 큰 물고기 하나라도 잡으면 정말 신이 났었다. 그 시절엔 물이 맑아 참게, 자라 등 일급수에만 사는 것들이 잡혔다.

여자애들도 물놀이에 가끔 한 번씩 왔는데, 모래가 많은 곳에서 모래를 밟고 다니면, 발아래서 꿈틀거리는 것들이 있었다. 그런 모래 사이로 손을 넣으면 말뚝 모래무지가 잡히곤 했다. 냇가 바위틈과 틈 사이를 모래로 막고 여뀌꽃대를 찧어서 풀어 놓으면 여뀌꽃대가 독이 있어 고기가 나왔다. 여뀌꽃대는 천연 농약인 셈이다. 이것은 시간이 오래 걸리는 '고기잡이' 놀이였다.

농사를 끝내는 가을이 되면 농수로의 수통(물 내려가는 관)을 막고 물을 퍼낸다. 그러면 물고기가 많이 잡혔다. 농수로 도랑의 뻘 속에는 미꾸라지가 많았다. 미꾸라지를 잡아 추어탕을 끓여 먹으면 아주 맛있었다. 농수로의 수통에서 물을 빼내 미꾸라지를 잡는 것은 가끔 어른도 했다. 주로 가을에 추어탕을 먹으므로 나는 추어탕의 '추' 자가 '가을 추(秋)' 자를 쓰는 줄 알았는데, '미꾸라지 추(鰍)' 자가 따로 있었다. '물고기 어(魚)'에 '가을 추(秋)'를 합치면 '미꾸라지 추' 자가 된다.

'새집 털기'는 겨울만 빼고 누구나 했다. 말 그대로 새집을 턴다. 새가 나무 위에 집을 지어 놓으면 긴 장대를 이용해 밑에서 새집을 건드려 망가뜨리는 것도 있고, 낫을 대나무에 매달아 따오는 것도 있고, 새집에 올라가서 새알을 꺼내오기도 했다.

'가위바위보'를 우리 동네에선 '장께 미'라고 했다. 손으로 하는 동작이므로 아마 '손바닥 장(掌)'을 쓰는지는 알 수 없다. 방언일 뿐이겠지 하고 추측해 본다.

'겨울 연날리기'도 마찬가지였다. 연을 만드는 기술이 좋으면 연이 하늘 높이 올라간다. 연이 하늘 높이 올라가면 옆 마을에서도 보인다. 가오리연은 잘 만들면 더 높이 올라간다. 나는 연을 만들어 보지는 못했지만, 형이 방패연을 만들어 띄우곤 했다. 대나무와 한지만 있으면 방패연을 만들 수 있다.

'썰매'는 넓은 곳에 얼음이 얼어야 노는데, 넓은 곳이 많지 않아 얼어붙은 도랑에서 놀았다. 도랑이 협소해 썰매놀이로는 재미가 없었고, 미나리깡이(미나리밭) 얼었을 때 거기는 좀 넓어서 썰매 타기가 수월했다.

눈이 내리면 '대나무 스키'가 재미있었다. 대나무 스키는 대나무를 반으로 쪼개서 만드는 스키가 있고 대나무 통으로 만드는 스키가 있었다. 대부분 대나무를 반으로 쪼개서 앞쪽엔 낫으로 홈을 만들고, 아궁이 불에 구워서 구부려 주면 되는 것이다. 그러면 완만한 기억한 자가 된다. 송곳을 양손에 쥐고 그것을 타면 눈만 있으면 타고 다닐 수 있다. 스키를 아이들이 타고 있으면 지나가시는 어른이 뭐라고 하신다. 스키를 타면 길이 반질반질해져 미끄럽다고. 어른들은 고무신을 신고 다니시는데, 미끄러우니까 꼭 뭐라고 한 말씀 하셨다.

사시사철 놀이 '숨바꼭질'은 예나 지금이나 널리 하는 놀이이다. 시골은 범위가 넓다. 서울과 달리 시골은 숨을 수 있는 범위가 넓다. 하지만, 은폐물이 많지 않아서 '못 찾겠다 꾀꼬리'는 없었다. '못 찾겠다 꾀꼬리'는 서울에 올라와서 알게 되었다.

  시골을 술래가 오랫동안 기둥에 기대고 기다리고 있으면 궁금해서 다들 나온다. 성질이 급한 사람이 진다. 시간을 규정이 없었다. 만약 경기 시간이 정하고 하면 아마 더 재미있을 것 같다.

  나이 먹기 놀이 일종의 '나이 먹기' 놀이이다. 일단 10살을 기본으로 주고, 나이가 많으면 이긴다. 나이가 짝수로 올라가는데 12살 나이인 애 하나가 공격해오면, 10살 나이인 애 둘이 손잡고 가면 이기는 것이다. 가장 나이가 많이 올라가는 방법은 상대편의 나이 기둥을 터치하고 오는 것이다. 편을 갈라서 하는데, 나이 기둥을 지켜야 하므로 한 명은 나이 기둥을 지켜야 한다. 나이 기둥을 지키는 사람은 나이를 많이 먹은 애가 공격해와도 나이 기둥을 손으로 짚고 막으면 나이가 올라갈 수 있다. 나이 기둥에서 손이 떨어지면 안 된다. 두 명이 와서 공격해도 등으로 기둥에 기대고 커버한다. 상대측에서 나이 기둥을 터치하고 가면 나이가 5살이 더 늘어난다. 기둥을 지키는 사람이 나이가 많으면 나와서 막으면 되고, 나이가 낮으면 기동하고 붙어 있어야 한다. 축구의 페널티 에어리어나 마찬가지다. 나이 먹기 놀이는 여러 명이 할 수 있었다.

  '구슬치기'는 9개 구멍으로 골프 홀처럼 구슬로 넣는다. 홀과

홀 사이가 가깝지만 한 번에 넣기는 힘들다. 대부분 두 번 만에 들어간다. 세 번은 잘하지 못하는 사람이다

 우리가 꼬마 시절 우리 동네에선 안 했다. 전주에서 온 선배가 알려 줘 내가 초등학교 다닐 때쯤 많이 했다. 어렸을 때 구슬치기 하고 자치기를 많이 해 우리나라 선수들이 골프를 잘하는 게 아닌가 생각도 해보았다.

 '야구 놀이'는 작은 고무공으로 했다. 장갑도 없고, 투수가 던지면 손바닥으로 치는 것이었다. 두 팀으로 나누어, 치는 사람의 공을 수비 쪽이 공중 공을 받으면 아웃이고, 규칙은 지금 야구와 거의 같다. 재미를 더하기 위해 공격팀이 2점을 따면 아웃 하나를 없애주는 규칙도 있었다. 우리 동네 술메기 동산에서 주로 했는데, 기억해 보니 내가 어린 시절 잠깐 하고, 4~5살 정도 차이 나는 선배들이 고등학교 다닐 때쯤엔 거의 사라진 것 같다.

 정식 야구 놀이는 80년대 이후에 모래밭에서 우리 후배들이 야구 방망이 글러브 등을 갖추어서 정식으로 했다.

어린 시절 놀이 기구

 시골에 사는 아이들은 모든 놀이 기구를 직접 만들어 썼다. 5살 정도면 대나무 스키 같은 것을 혼자 만들었다. 초등학교에 다니는 12세 이하의 어린이는 아직 어린 나이이지만 자기가 가지고 놀 놀이 기구를 혼자서 만들어야 했다.

 '바람개비(팔랑개비)'는 지금 서울에서 보는 것과 달랐다. 대나무 심을 만들어 종이를 엇갈리게 밥알로 붙이고, 성냥개비나 대나무 가지로 실린더를 만들면 끝이다. 우리가 방송에서 보는 바람개비는 모양이 예쁘지만, 빨리 돌아가지를 않는다. 바람 세기도 약하다. 시골 팔랑개비는 들고 뛰어서 돌아가도록 만든 것이고, 서울 팔랑개비는 바람이 불어오는 방향에 세워 두면 자동으로 돌아가는 것이다. 어린 시절 만든 바람개비는 소리도 크게 나고 바람이 정면에서 불어와야 잘 돌아갔다.

'팽이'는 처음에는 직접 깎아서 만들었으나, 형이 중학교 들어가고부터는 오수에서 팽이를 사 왔다. 집에서 만든 그것보다 일정하게 깎아서 균형이 맞아 품질이 뛰어났다. 팽이 끝에는 구슬을 박아야 했는데, 상품으로 파는 것은 심이 납으로 만든 것이었다 납이 빨리 닳는다. 쇠 베어링 구슬을 구해서 다시 박기도 했다. 정말 팽이가 돌아가는 게 다르다 윗부분에 쇠깍지를 끼우면 팽이가 무거워 더 잘 돈다. 팽이치기할 때 유리하다. 이런 놀이 기구들은 내가 꼬마 시절에 직접 만들어서 놀았기 때문에 기억할 수 있다. 내가 어렸을 때 아버지는 이런 것에는 관심도 없었다.

'도롱태'는 가끔은 요긴하게 쓰인다. 샘에서 물을 길어 올 때 도롱태를 쓰면 수월하다. 도롱태 바퀴는 화장지 크기로 나무 원둘레 모양으로 2개 깎아서 만든다. 큰 대못으로 한쪽을 연결하고, 중간 정도 굵기의 대나무를 150센티 정도 잘라 공이 부분에 구멍을 뚫고, 못이 박힌 한쪽 바퀴를 넣고 다른 한쪽 바퀴를 못 끝에 또 다른 한쪽 바퀴를 연결하면 도롱태가 된다. 1m 지점에 못을 박아 샘에서 물을 떠 양동이를 걸어 대나무 자루로 밀고 오면, 바퀴가 굴러가 힘 안 들이고 물을 떠 올 수 있었다. 등교할 때 책 보따리 여러 개를 싣고 다니기도 했다.

'썰매'를 만들려면 나무판자도 있어야 하고 연장과 레일을 만드는 굵은 철사가 있어야 하는데, 그 시절에 판자는 구하기가 어려웠고, 나무 막대기는 건축용이 아닌 나무토막을 사용해야 했다. 아궁이 불 때는 나무토막을 썼지만, 옹이도 있고 매끄럽지를 못했다. 레일 놓을 나무를 자르고, 철사는 빨랫줄 철사를 이용한다. 네모반듯한 나무가 아니고 철사도 직선이 아닌 약간 비뚤어진 것이다. 철사를 레일로 만들려면 나무에 작은 못을 구부려 움직이지 못하게 했는데 썰매를 몇 번 타면 움직여 떨어져 나갔다. 누군가 학교 창문 레일을 저녁에 뽑아와 창문 레일로 만든 썰매는 가장 품질이 좋다. 어린애가 재료도 없이 펜치 하나와 망치 하나를 가지고 어린애 스스로 만들어야 했다. 학교 다닐 때 가끔 레일이 없는 창문이 있었는데 다 썰매 때문이다.

'스키'는 만들기 쉽다. 대나무를 쪼개서 앞부분만 휘면 되니까, 어린애들도 쉽게 만들었다. 형들이 타고 다니는 통 대나무 스키는 조금 어려웠다. 통 대나무 윗부분을 신발 크기로 떼어내고, 앞머리도 홈을 제대로 하여야 휘어진다. 시간과 도구나 연장이 좀 더 필요했다.

'나무 달구지(수레)'는 우리 집에 없었다. 달구지를 만들려면 끌이 있어야 한다. 끌로 동그란 바퀴에 구멍을 뚫어야 한다. 나무 바퀴가 4개가 필요하며, 나무 크기도 커야 한다. 나무 상자를 튼튼하게 만들고, 크랭크축을 만들어 나무 바퀴에 구멍을 뚫어 4개를 끼운다. 그 당시 집 집마다 끌이 없는 집이 대부분이었다. 그러면 4륜 달구지가 되는 것이다. 바퀴는 큰 나무로 자르면 바퀴가 커서 더 좋다. 베어링 식이 아니라 오래 사용하면 바퀴와 축이 달아서 굴러가지 않을 때가 있다. 이때 양쪽을 바꾸어 준다. 하늘로 날리는 연하고 깡통 돌리기는 만들기 쉬워서 10세 꼬마도 잘 만들었다.

우리가 어렸을 때의 아버지들은 장난감은 사 주지도 못하시면서, 왜 돈이 들어가지 않는 간단한 장난감마저 만들어 주시지 않았는지 이해가 안 될 때가 있었다. 애들하고 놀아주지도 않아 말하기도 어려웠다. 항상 그랬다. 하지만, 우리 세대들은 자식들에게 그렇게 해서는 안 된다는 교육을 받았다. 어떻게 하든지 자녀와 함께 놀아주며 자녀에게 최선을 다하려고 노력한다. 나부터도 결혼 후 30년 동안 아이들과 함께하려고 노력해 온 것은, 과거에 그런 경험을 했기 때문이 아닌가 생각된다. 과거의 관점에서 보았을 때는 참 세상이 많이 개벽한 것이라고 보아도 괜찮겠다.

우리 동네 귀신 나오는 곳

 우리 어린 시절엔, 이야기했다 하면 으레 귀신 이야기가 약방에 감초처럼 끼어 나왔다. 물귀신, 덕석 귀신, 몽달귀신, 도깨비 등 귀신 이야기는 정말 우리 이야기의 단골 메뉴였다. 우리 동네 근처에 큰 철제다리가 있었는데, 거기서 불빛만 보이면 귀신불이라 했다. 마을에서 멀리 떨어져 있어 확인해 보지는 못했지만, 무서워서 확인할 수도 없었고, 그 근처 구름다리 마을은 알고 있지 않을까 하고 생각해 보기는 했다. 산에 나무하러 어른들은 혼자 가기도 했는데, 우리 또래는 무서워서 여럿이 모여서 같이 갔다.
 우리 동네 우번(雨䊹)마을에서 삼계석문 가는 길가 언덕에 묘가 많이 있었다. 약수터가 있는 앞산과 모삼재에는 공동묘지가 있다고 들었다. 가난하고 신분이 낮은 사람들의 묘가 있었다고 한다.

신분 차별은 동학 이후 법적으로 없어졌지만, 여전히 우리 어린 시절에도 존재하고 있었다. 공동묘지에는 상여를 사용할 수 없어 밤에 몰래 시신을 지게에 지고 남의 땅에 묘지를 썼다고 한다. 우리 어린 시절에도 신분이 낮은 사람은 상여 나가는 것을 못 보았다. 지금도 낮에 혼자 다니면 무섭고, 밤에 그쪽 근처만 지나가도 무섭다.

왕산 바위는 바위틈에 느티나무가 나 있어 왕산 바위라고 했지만, 방죽골(防築)다리 근처 물속에 있는 큰 바위 이름도 왕산 바위라고 했다. 여름에 아이들이 물놀이하며 다이빙도 하는 바위다. 여기도 귀신이 살았다고 했다. 서도역에서 늦은 밤에 걸어오면 빨래하는 소리가 들린다고 했다. 그런 이야기를 여러 사람에게서 들었고, 5살 차이 나는 형도 이리에서 고등학교 다닐 때 밤차로 서도역에 내려 걸어오면 강물을 건너기 전에 빨래하는 소리가 났다고 했다. 한참 합기도도 배우고 단증도 있는 혈기가 넘칠 때였는데도 무서웠다고 했다. 빨래하는 소리를 들었다는 사람은 여러 명이 있어 해만 지면 무서웠다.

당산에서 동녘굴(東村)로 들어가는 길은 교회 밑으로 가는 길인데, 여기에도 묘가 많이 있었다. 우리 집 있는 데까지 돌아와야 동네가 보이고 안 무서웠다. 지금은 길이 없어졌지만 길이 있어도 무서운 사람은 정자나무 길로 돌아다녔다.

옛날 구릉 고개엔 양쪽에 커다란 참나무가 있었다. 거기에도 묘가 몇 기가 있다. 컴컴하고 계곡처럼 움푹 들어간 곳이다. 그 양쪽으로 대나무밭이 있다. 옛날 어른들의 이야기로는, 어떤 양반이 도깨비하고 싸워 이겨 도깨비를 참나무에 묶어놓았는데 아침에 가보니 빗자루가 묶여 있었다고 했다. 지금도 종종 이런 이야기를 한다. 그래서 지금도 낮에도 무섭고 저녁은 더욱더 무섭다.

학교 가는 길 둔덕에서 너상굴로 넘어가는 길에 있는 회동댁 집을 지나가면 언덕 넘어 너상굴까지 가는 중간까지 집이 없고 묘가 많다. 여기도 혼자 지나거나 하면 무섭다.

도수끔은 너상굴과 탑골 사이에 있는 야산이다. 여기도 공동묘지다. 비 오는 날 밤에 지나면 공동묘지 무덤에서 불빛이 비친다고 했다. 정말인지 알 수 없으나 본 사람도 있다는 얘기들을 했다. 당시는 무서워서 그러는가 보다 했다. 오수장에 갈 때나 중학교에 갈 때는 둔덕리에서 여기를 꼭 지나가야 한다. 지름길이기 때문이다. 그렇지만 오솔길 같은 길로 걸어가는 길도 있고, 그 아래로 수레(구르마)가 다니는 길도 있다. 제방이 건설되기 전에는 모두 다 이 길로 다녔다. 지금은 제방으로 길이 나 있어 도수 끔 하고 약간 떨어져 있다. 그래서 차로 휙 지나가 버린다.

가장 무서운 곳은 덤 바위다. 70년대 때 내가 거기를 지나가면 바위 위에 정자가 있고 물이 깊었다. 정말 물이 퍼렇고 깊어 사람이 빠져 죽었다고도 했다. 빠져 죽은 그 사람이 물귀신이 되었다고 했다. 마을에서 오수만 가더라도 정자를 돌아가야 하는 길이다. 오수에서 올 때도 마찬가지로 돌아야 한다. 정말 무섭다. 물이 너무 깊어 물귀신이 산다고도 했고, 정자 길을 돌 때는 이쪽이나 저쪽에 강도가 숨어 있을지도 모른다고 했다. 강도당했다는 말도 들었는데, 사실인지는 정확히 모르겠다. 소 팔아서 오다가 덤 바윗길에서 돈을 다 빼앗겼다고 했다. 이제는 제방이 놓이면서 깊은 물 위로 제방이 지나가 깊은 물도 없어지고 평탄한 도로가 되었다. 80년도 초에 우리가 20대였을 때 우리 친구가 오수에서 일을 끝내고 밤늦게 오토바이를 타고 덤 바위를 지나면 정말 무서워서 머리가 쭈뼛 섰다고도 했다.

21세기인 지금도 내가 저녁에 혼자 차를 몰고 집으로 올 땐 덤 바위쯤에선 속력을 내어 빨리 지나간다. 지금도 무서운 생각이 들기 때문이다. 하지만, 옛날 어른들은 걸어서 밤에도 다녔고, 우리 동네 면장님은 밤에 자전거를 타고 늘 오수에서 덤바위로 다니셨다고 했다. 지금처럼 제방길이 있을 때도 아니고 정말 무서웠을 텐데, 그 당시 어른들은 담력이 컸나 생각된다.

요즘은 오수에서 집까지 밤에 지나가면, 여름이면 거기에 낚시꾼들이 있다. 그 사람들은 타지에서 온 사람들이라 무서운 줄도 몰랐을 테고, 그냥 텐트 치고 밤새 낚시를 한다. 21세기인 지금, 손에 컴퓨터를 들고 다니고 즉석에서 사진이나 동영상도 찍는 시대가 되었지만, 아직도 귀신 이야기가 화젯거리가 되는 걸 보면 참 신기하다. 귀신이라는 건 과연 있는 것인지, 과학적으로 측정하기도 어려운가 보다.

동네에 전기가 들어오던 날

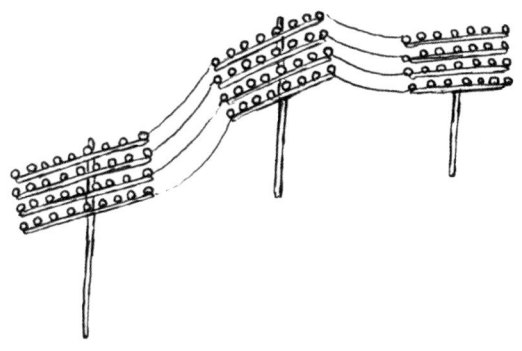

 1970년도 가을에 우리 동네에 전기가 들어왔다. 전라북도에서는 빨리 들어온 마을 중의 하나라고 한다. 당시 도지사는 이환의 분이었는데, 전주 이씨 효령대군 파이다. 우리 동네에는 500년 전부터 진주 하씨, 삭녕 최씨, 순천 김씨, 전주 이씨 등이 자리 잡고 살아왔다. 전북에서 알아주는 집성촌이었다. 도지사 발령 나면, 그때만 해도 반드시 조상을 찾아보아야 했기에, 도지사는 500년 종갓집을 찾아와 사당에 인사드리고, 마을에 전기를 넣어 주기로 약속하고 바로 그해에 전기 공사가 시작되었다. 당시, 직선으로 연결해야 공사비가 적게 든다고 해서 가정집 마당에도 전봇대가 세워졌는데, 80년대 후반이나 90년대 초에 길옆으로 옮겼다. 당시는 전기가 들어온다는 기쁨에 누구도 가정집 마당에 전봇대 놓는다는 공사에 불평 한마디 없었다고 한다.

지금은 상상이 안 되겠지만, 전기를 가설할 때 모든 동네 사람이 부역했다. 20명 정도의 젊은 청년들이 멜빵으로 그 무거운 전봇대를 양쪽으로 메고 직접 옮겼다. 마을 입구까지만 차로 오고 나머지는 사람의 인력으로 운반했다. 나머지 중요한 일은 감독과 공사 직원들과 전기를 가설하는 기능공들이 했다. 때문에, 견적을 어떻게 넣었는지는 알 수 없지만, 인건비 면에서 엄청 이익을 보았다고 생각하고 있다. 일꾼들 밥도, 오늘 몇 집을 할 것인지 계획이 서면 그 몇 집이 모여서 다 제공해 주었다.

당시는 전기도 없었고, 지금처럼 전동 공구도 없어 전부 손으로 수작업을 했는데, 얼마나 힘들었을지 상상이 안 된다. 평지에서도 너무 무거웠을 텐데, 언덕 위나 높은 곳은 전부 인력으로 운반했으니 얼마나 무거웠겠는가. 전봇대 세우는 것도 사람이 땅을 삽으로 파서 세웠다. 동남아 일부 지역에서는 지금도 그렇게 하고 있다. 불과 얼마 전까지 우리나라에서도 그렇게 했다. 호롱불 시절의 세대만이 그걸 경험했다.

1970년도 가을에 전기가 들어왔는데, 전기 공사 업체는 전구도 비싸게 팔고 갔다. 전기 업체에서 사라 하니 사람들이 시장에서 파는 것보다 비싼데도 불구하고 샀다. 전기 공사하는 사람들은 이래저래 돈을 벌었다. 처음 전기가 들어왔을 때는 정말 10촉짜리도 밝았다. 형광등은 또 어떻게 그렇게나 밝은지, 형광등 한 개를 가지고 방에 구멍을 내서 반은 이쪽 방, 반은 저쪽 방에서 사용하는 집도 있었다. 방에는 5촉짜리를 주로 썼다. 호롱불보다는 그래도 몇 배 밝았다.

하루에도 전기가 몇 번 나갔다. 전기가 부족한 게 일상이었다. 과부하가 걸리면 한전에서 전기를 안 넣어 주었다. 차도 없고 전화도 없었는데, 전기가 나가면 누가 전화해 보거나 직접 한전에 가볼 수 있었겠는가. 다행히 나중에 마을에 전화가 한 대 들오고부터 그 문제가 해결되었다.

전기가 들어오면서부터 밤에 보면 불빛이 더 환하게 보였다. 마루에 형광등을 켜 놓으면 저 멀리서 보면 정말 밝게 보였다. 서도역에서 야간열차에서 내리면, 호롱불이 있을 때는 저 멀리에서는 마을의 불빛이 보이지 않았다. 그러던 것이 전깃불이 있고부터는 마을이 더 잘 보였다. 특히 교회의 십자가는 마을 언덕에 있어 등대처럼 빛이 오리 밖에서도 뚜렷이 보였다. 그래서 십자가 불빛을 보고 마을로 걸어오곤 했다.

당연히 전기가 들어오고서부터는 사람들의 생활문화도 바뀌었다. 집마다 선풍기가 있었고, 특히 새마을운동 때 밀가루에 이스트를 넣고 물하고 섞어 네모 난 일제 빵 기계에 넣으면 한 시간 정도면 빵이 되었다. 가마솥에 장작을 넣고 삼베 위에 밀가루 반죽하여 증기로 찐 일명 밀가루 빵처럼 되었다. 전기가 들어오니 그 과정을 편리하게 만들어 먹을 수가 있었다. 석유풍로도 사용했지만, 전기풍로를 더 많이 사용하게 되었다. 전기세가 많이 나온다는 것만 빼고는 다 좋았다. 가을이나 여름밤에 보리타작이나 벼를 타작할 때도 전기가 없을 때는 남포불을 켜 놓고 거의 어둠 속에서 일했었다.

한번은 큰형이, 서울에서 하얀 전기선을 100m나 구해와 60W 전구 밑에서 일을 하니 대낮 같았다. 그러다가 어느 땐 집마다 마당에서 전기를 써야 할 때가 있었다. 그날이면 그 전기선을 빌려 달라고 우리 집에 많이들 왔었다. 그렇게 빌려 가 잘 쓴 것까진 좋았는데, 빌려 갈 때마다 전선이 조금씩 줄었다.

제2부

시골 전화와 통신

야생 열매

 야생 열매는 6월부터 익기 시작한다. 돌보지 않아도 자기가 알아서 열리고 익는다. 야생 열매로는 먼저 산딸기가 있다. 여름철 산딸기는 빨갛게 익어 정말 달다. 들에서 풀을 베거나 소를 돌보다가 우연히 산딸기를 발견하면 따서 먹는다. 사람도 먹고 새도 먹는다. 새가 먹으면 여기저기 돌아다니며 새똥을 싸서 씨가 떨어져 다음 해에는 그곳에 나무가 자란다. 자연은 그렇게 후대를 이어 간다.
 어린 시절 아무것도 몰랐을 때, 산딸기가 언덕이나 산속에만 있는 게 아니고, 밭에도 있고 논두렁에도 있는 것을 보고 의아해했었다. 지금 생각해 보니, 새가 열매를 먹고 아무 데에서나 새똥을 싼 것이다. 그것이 발아해서 열매를 맺은 것이다. 새똥은 내가 아

닌 다른 개체에 의해서 번식하는 것이다. 이것이 자연의 신비이다.

 일명 산포도라고 하는 머루는 야산에도 있다. 머루 하면 역시 맛이다. 새콤하면서 포도보다 깊은 단맛이 일품이다. 머루 한 송이를 한입에 넣어 먹어 보면 머루 농장에서 재배하는 것하고는 크기나 굵기가 전혀 다르다. 아주 조그마한 열매가 주렁주렁 달려 있다. 머루는 야생 중에서도 야생 열매라고 생각한다. 으름은 먹어 보지는 못하고 익기 전에 보기만 했다.
 늦여름 산에 가면 정금이 보인다. 정금은 시면서 단것도 있지만, 대부분 신맛이 강하게 난다. 블루베리의 일종인 것 같다. 정금이 달기만 하면 블루베리나 별 차이가 없겠다.

 가을에는 아그배하고 명감이 있다. 아그배는 정말 작은 배이다. 이 배를 개량해서 우리가 먹는 배가 되었을 것이다. 아주 오래 전에 나무에 접을 붙일 때 아그배의 모종을 심어 배나무에 접목한다고 들었다. 나도 20세 때 아그배나무를 몇 그루 산에서 가져와 배나무에 접붙인 일이 있다. 접붙인 나무에서 배가 많이 열었다.
 명감은 줄기 나무에 정말 많이 열린다. 정원의 꽃사과처럼 많이 달려있다. 다 익으면 겉은 빨간 구슬 같다 안은 하얀색이다. 몇 개를 한입에 넣어 보면 명감은 사실 예쁘기만 하고 맛은 그저 그렇다. 그런데 가을에 한 번씩 따서 먹어본다. 모양이 정말 예쁘지만 맛은 없다.

깨금(개암)이라고도 하는 개암은 도토리처럼 생겼다. 개암은 먹으면 무척 고소하다. 땅콩보다 더 고소하다. 산에 가면 종종 있다. 거의 다 다람쥐 차지이지만 가끔 개암이 있다. 형이 55전쯤 중학교에 다닐 때 개암나무를 산에서 한 그루 뽑아다가 우리 집 뒤꼍에 있는 밤나무와 바위 옆에 심었는데, 거기에서 개암이 열려 가끔 따 먹곤 했다. 한번은 우리가 성년이 된 후에 집에 갔는데, 아버지가 뒤꼍 개암나무에서 딴 그것하고 또 산에서 개암을 따와 한 되나 되는 개암을 먹어 본 적이 있다. 개암은 지금은 재배하여 포장해서 팔지만, 그땐 그런 정도였다. 다래는 말만 들었지, 실물을 보지 못했다.

삼계석문

우리 동네 근처에 있는 삼계석문은 꽤 유명하다. 높이 8m나 되는 바위에 삼계석문(三磎石門)이라고 네 글자가 쓰여 있는데, 글씨 크기는 한 글자가 1m 정도 된다. 이것은 1663년 최기옹이 쓴 것이라고 하는데, 경남 하동 쌍계사 입구에 '쌍계석문(雙磎石門)'이라고 쓰인 최치원의 글씨를 모작한 것이라고 한다. 2016년 임실군 향토 문화유산 3호로 지정되었다.

옛날은 삼계석문을 지나 순창군 동계면에 사는 사람들과 임실군 삼계면에 사는 사람들이 둔덕리 앞을 지나서 오수로 가거나 서도역에 갔다. 걸어 다니는 사람들이 꽤 있었다. 그 길을 가다 보면, 왕산 바위 정자나무 옆에 초가집 주막이 있었는데, 장꾼 나무꾼들이 막걸리와 두부 등을 사 먹으며 쉬어가는 곳이었다. 그런

자리에 주막이 있는 것을 보면 그 이전에도 사람들이 많이 오고 갔으리라 짐작된다.

아침에 서도역에서 내려 처음 마주하는 곳이 노적봉이다. 소설 『혼불』은 서도역에서 시작된다. 노적봉을 줄여서 노봉이라고 하고, 그곳의 마을은 노봉마을이라고 하는데, 혼불의 무대가 되었다. 우리 마을에서 노적봉을 바라보면 맑은 날 뭉게구름이 봉우리에 걸려 있고, 비가 오면 중간에 구름이 걸려 있는 듯하여 아름답다.

삼계석문에 가면 구로 정이라는 정자가 있고, 정자 밑으로 섬진강이 흐른다. 50년대부터 80년대 초까지는 강물이 많아 물고기도 많고 푸른 물이었다. 정자에 올라 밑을 내려다보면 경치가 사시사철 아름답다. 특히 율촌부터 이어지는 모래밭 풍경은 어디에다 비할 수 없이 아름답다. 서도역에서 내려 도보로 20~30분 정도면 도착한다. 50년대부터 수많은 피서객이 다녀갔다. 이 현상은 80년대 초까지 이어졌다.

삼계석문은, 낮에는 동네 사람들이 물고기 잡으러 더러 다녀서는 가지만, 그 이후에는 피서객 천국이 되곤 했다. 또한, 오수면, 삼계면, 남원 사매면, 순창 동계면 등 모든 학교의 소풍 장소이기도 했다. 고등학생, 대학생, 일반 청년 할 것 없이 여름이면 텐트촌이 되었다. 나의 기억으로는 20대나 30대 전반의 청년들이 삼계석문에 와서 밥해 먹고 노는 광경을 많이 보았다. 삼계석문에 사람들이 가장 많이 놀러 온 것은 70년대쯤이었을 것이다. 이곳에는 주위 사람들보다 전주나 남원 쪽에서 오는 사람들이 많았다. 여름에는 인산인해였다. 마을에서 약간 떨어져 있어, 밤샘하며 노래를 불러도 누가 시비를 걸 사람도 없었고, 이곳은 그야말로 놀이 문화의 천국이었다.

서로 손에 손잡고 노래를 부르며 삼계석문으로 가는 길은 소달구지가 겨우 지나갈 정도의 비포장도로였다. 그곳에 다다르면, 모래밭을 더 걸어도 보고 모래 위에서 밥을 짓고 물놀이 등을 했다. 여학생끼리 오는 팀, 남학생끼리 오는 팀, 모래 위에서 처음 만나는 팀 등이 2~3일 정도에 정이 들고 훗날을 기약하면서 헤어졌다. 은빛 모래 위에서 청춘남녀들이 숱한 사랑의 발자국을 남기고 떠나가면 또 다른 사람들이 사랑의 발자국은 남기고 갔다. 그 은빛 모래 위에 이제 사랑의 흔적은 사라지고 없지만, 추억은 별빛처럼 그들 가슴 속에 깊이 남아 있으리라 생각한다. 그들은 어느덧 60~70대가 되었겠지만, 삼계석문의 그 추억을 안고 사는지는 궁금하다.

청춘 남녀가 만날 수 있는 장이 많지 않던 시절에 해방감과 자연의 아름다운 풍경 속에 만남은 그들을 가깝게 묶어주기에 충분한 동력이었으리라

구로정 주위는 한낮은 그렇게 시원하고 저녁은 쌀쌀한 정도로 좋았다. 우리 교회 여름 성경학교 선생님들도 원광대학교 학생들

이었는데, 학교가 끝나면 가는 곳이 삼계석문이었다. 여기에 삼계석문의 추억을 담아 노래를 하나 지어 보았다.

<서도역 연가>

-이강국 시 / 김명순, 신정란 각각의 작곡이 있음

하얀 안개구름이 노적봉에 걸려 있고
분홍 꽃잎의 향기 철길 위에 가득하고
그 옛날 침목 하나하나 추억이 담겨 있는
정겨운 혼불의 무대 옛 서도역이여
모래밭 사이로 섬진강 푸른 물결 흘러가고
삼계석문에 혼불의 정신 노을빛으로 새겨져
은빛 모래 위에 숱한 사랑의 발자국

아아, 하행선 상행선으로 기약 없이 떠나갔네
모래밭 사이로 섬진강 푸른 물결 흘러가고
삼계석문에 혼불의 정신 노을빛으로 새겨져
이제 그대들은 떠나가고 없지만
추억은 별빛처럼 어두운 가슴 속에 반짝이다.

아주 멀고 먼 옛이야기가 되었다가
다시 내게로 돌아오는 이야기가 되었네
그리운 서도역이여

　삼계석문 맞은 편 약수터에 관해 쓰고 싶다. 이 약수터가 있는 산 상층부 부분엔 커다란 바위가 몇 개 모여 있다. 주위에 200년 이상 된 소나무가 몇십 그루 있다. 먼 곳에서 보아도 바위가 모여 있고 길게 뻗은 노송이 있는 것이 무언가 감추어진 것이 있겠구나 싶다. 바위가 서로 뒤엉켜 있고 그 사이에서 약수가 나오는데, 수질이 좋고 산봉우리에 있어 더욱 신기하게 느껴진다.
　단옷날이나 백중날은 약수터에 사람이 인산인해였다. 그 옛날 57년 전쯤이다. 나는 둘째 누나를 따라 약수터에 갔다. 학교에도 들어가기도 전이라 7살 정도로 기억한다. 바위틈 사이로 나오는 물을 받아 어른, 아이 할 것 없이 얼굴도 씻고 손, 발 등 보이는 데는 다 물을 바르거나 씻거나 마시기도 했다. 이를 '물 맞는다(물로 씻는다)'고 한다.
　물로 씻고 난 후에는 보통 밥보다 수제비를 해 먹는다. 약수터 공간은 그런대로 넓지만, 사람이 너무 많아 이쪽저쪽에서 현장에서 땔감을 구해 솥을 걸고 불을 피워 밀가루 반죽을 해서 떼어 넣느라 복잡했다. 간장이나 양념을 집에서 가지고 오지 않았거나 부족한 사람들도 있었다. 누나도 그때 간장을 가져가지 않아 옆 사람에게 얻어서 수제비를 끓였다. 어린 시절의 나들이여서 수제비가 맛있었고 물은 누나가 받아 씻겨주고 발라주어서 좋았다. 우리 친구 애들도 "우리 동네 샘물도 좋은데, 뭐 거기까지 가서 물을 맞고 와. 너, 수제비 먹으러 갔지?" 하였다.

그 후 20년 뒤에 아버지하고 형하고 나하고, 그때 내가 청년 시절이어서 약수터에 올라갔다. 하지만, 물은 나오지 않고 말라 있었다. 현재는 약수터에 아무도 오지 않는다고 한다. 모래밭도 없어졌고 경치도 초라하다. 단지 향토 문화유산으로 지정되어 간간이 탐방객만이 오간다.

섬진강 상류 물고기들

　섬진강 물고기 중에 가장 유명한 것은 '은어'일 것이다. 일반 물고기보다 크기가 크고 빠르다. 낚시로 잡기도 어렵다. 너무 빨라 투망으로 잡는 것도 잘해야 잡는다. 너무 빠르므로 그물추가 가라앉기 전에 통과해 버리는 것이다. 떼로 지나가는 것을 보고 그물을 던지면 한 마리도 못 잡을 때가 있다. 계산하고 앞으로 던지는 것은 어른들은 잘 안 하는 것 같다. 은어를 투망으로 잡으려면 제 위치보다 약간 앞으로 던져야 한다. 그때그때 다르지만, 은어를 투망으로는 몇 마리밖에 잡지 못했다. 환경의 오염으로 우리 또래가 20대가 되었을 때는 은어가 거의 보이지 않았다.

　1급수의 시냇물에는 '모래무지'가 산다. 우리는 모래무지를 '모자'라고 불렀다. 우리가 말하는 정통 모래무지는 말뚝 모자이다. 모래 속으로 잘 들어가며, 모자는 모래 위를 걸어가다 발밑에서 꿈틀거리면 발로 꾹 눌러 잡으면 된다. 가장 쉬운 물고기 잡기이다. 여름에 물을 건너다 발밑에서 뭔가 꿈틀거리면 나오는 게 모자이다. 참모자 모자와 닮았고 맑은 물속으로 떼 지어 다닌다. 참모자는 잡기가 어렵다. 그물이나 돛대가 있어야 한다.

다슬기와 갱조개(재첩) 잡는 어린 소녀들도 모자 두세 마리 정도는 잡았다. 다슬기 바구니에 모자 물고기와 다슬기를 함께 넣어왔다. 모자는 모래가 많아야 사는 물고기이다.

그다음 대표적인 물고기는 '피래미'라고도 하는 '피리'이다. 피리 중에 가장 많은 것은 은빛이 반짝이는 피리, 잡으면 진짜 반짝반짝 빛난다. 정말 아름답고 귀여운 고기이다. 강바닥이 부드러운 모래가 있는 곳에서 많이 산다. 만행산에서 내려오는 율촌은 거의 모래밭이었고, 수월에서 내려온 물 바닥은 다 모래이다. 피리 떼도 암컷 수컷이 같이 어울려 다니면 더 아름답다. 삼계석문 근처에서 보면 삼계석문의 황혼 녘에 황혼빛 물이 금빛으로 물들고, 물 위로 튀어 오르는 물고기의 모습은 너무나 아름다웠다. 둔덕리 앞 저무는 물결 위에도 하얀 불빛으로 반짝이는 물고기 떼가 섬진강 상류의 아름다운 풍경을 이루었다.

피리는 잡아서 배를 손질해서 내장하고 부레를 버린 뒤 즉석에서 초장에 찍어 먹었다. 나는 한 번도 먹어본 적이 없지만 대부분

술 먹는 친구들은 초장에 찍어 종종 먹었다. 그만큼 깨끗하다. 피리는 성질이 급한 물고기다. 잡은 물고기를 보관하려고 모래밭에 작은 웅덩이를 만들어 붕어와 같이 넣으면, 피리는 조금 있다가 제 성질을 못 이겨 죽고 붕어만 남는다.

피리 중에 수놈을 '가리'라 하는데, 가리는 정말 아름다운 물고기이다. 가리는 수컷 피리다. 암컷보다 몸집이 조금 더 큰데, 색깔이 무지개색이다. 물속에 있는 것을 보아도 아름답다. 피리와 감자를 넣고 피리 찜이나 매운탕을 끓여도 맛있다. 가장 많은 것은 피리의 은색 펄이 들어간 색으로 잡으면 반짝반짝 빛이 난다. 정말 아름답고 귀여운 고기이다. 강바닥이 부드러운 모래가 많은 곳에서 많이 산다.

'양가'라는 기름쟁이 고기는 요리해 먹으면 지방이 많아 고소하다. 내장을 손질하지 않고 그냥 요리해서 먹는다. 깨끗한 물에 사는 미꾸라지 과의 일급수 물고기이다.

가물치는 보를 만들기 위해 나뭇가지와 말뚝을 박아 놓은 곳에서 주로 산다. 동자개는(빠가사리) 메기보다 작은 메기이다. 큰 동자개를 잡으면 메기 잡았다고 하지만, 자세하게 보면 동자개 잡은 경우가 많았다. 손을 따끔하게 쏘는 고기이다. 그래도 이런 고기를 잡으면 대어 잡았다고 했다. 사실 조리해 먹기는 피리가 가장 맛있다.

잉어는 거의 못 보았고, '붕어'는 구정물에서도 살고 맑은 물에서도 산다. 양쪽에 다 사는 물고기이다. 시골에서 피리 다음 흔하게 보는 물고기가 붕어이다. 고기가 손바닥 이상 되며 가시가 거칠다. 연못에도 살고 여기저기에서 잘 산다. 집에 웅덩이가 있어 새끼를 잡아다 놓으면 잘 자란다. 생명력도 강하고 잉어는 별로 보지 못해서 붕어 큰 것을 보면 잉어라고도 했다. 잉어와 붕어의 구별은 간단하다. 잉어는 새끼 때부터 입 주위에 수염이 있다. 붕어는 아무리 커도 수염이 없다. 이걸로 구별하는데, 대부분 사람은 이 구별 방법을 모르고 있다.

민물 새우엔 두 가지가 있다. 우리가 먹는 새우젓 크기 새우 물가장자리 수초에서 사는 작은 새우이다. 수초 밑을 훑고 지나가면 많이 잡힌다. 잡은 새우를 확독에 갈아 고추장하고 섞어 요리한다. '징계미'라 하는 큰 새우가 있는데 우리가 음식점에 사 먹는 새우만큼은 크다. 제법 크고 빨라서 잡기도 힘들다. 돌 밑이나 모래보다 자갈이 많이 있는 얕은 물에서 산다. 물이 깨끗해야 있는 새우이다. 이를 민물 새우라고 한다.

'자라'는 어른들이 잡아 온 것만 보았지, 잡아 본 적은 없다. 자라가 배에 '임금 왕' 자가 쓰여 있으면 놓아주어야 한다고 했다. 임금 왕 자가 뭔지도 몰랐지만, 놓아준 적이 보지는 못한 것 같다. 그래서 진짜 임금 왕 자가 쓰인 것이 있었는지 없었는지 알 수가 없었다. 나중에 어떤 자라를 보니, 배에 임금 왕 자 비슷하게 파란 줄이 나 있는 걸 볼 수 있었던 적도 있기는 있었다.

'참게'는 게 발에 털이 난 큰 게이다. 강 펄에서 잡히는 작은 게인 무리에게가 아니고 참게는 나도 딱 한 번 보았다. 형이 한 마리를 잡아 와서 보았는데, 지금 우리가 보는 작은 바다게 정도 크기다. 지금은 사진으로만 볼 수 있다. 새마을운동 이후 단 한 마리도 못 보았다. 80년대 후반 우리가 청년이었을 때 아버지가 한 마리 잡았다고 들었었는데, 이제는 그 이야기도 전설이 되었다.

'뱀장어'는 내 어린 시절에도 있었고, 지금도 종종 잡아서 친구들과 안줏감으로 먹는다. 소위 자연산 민물 장어로 비싼 물고기이다.

그 밖에 '불모태기'는 악어처럼 못생겼다. 여성들이 다슬기 잡으러 물 바닥의 돌을 움직이면 돌 사이나 돌 밑에 숨어서 움직이지 않고 있다가 여성들도 종종 잡는 물고기이다.
'독거머리'는 작은 모래무지하고 비슷하게 생겼다. 작은 물고기인데 사람들이 안 먹었다. 잡으면 놓아주거나 투망을 치면 어느 때는 피리는 없고 이 고기만 많이 잡힌다. 그리고 그 고기는 왜 그런지는 모르겠지만 빨리 죽고 빨리 상한다. 때로는 엄청난 떼로 몰려다닌다.

'메기'와 '가물치'를 그냥 잡는 그것은 불가능하다. 보 막은 나무 섶 속에 손을 집어넣어 잡을 때가 있거나, 대부분은 전기 배터리로 보의 나무 섶을 지지면 그 안에 숨어 있다가 나온다. 그렇게 잡는 게 메기와 가물치이다. 70년대엔 배터리로 많이 잡았고, 일 년에 몇 번은 우리 동네에 모르는 사람이 들어와서 농약을 물에 타서 잡는데, 물고기가 떠오르면 지나가는 사람이나 동네 어른이나 꼬마들까지 모두가 나와 물고기를 주워 담았다. 그런 모습이 신기리 앞에서 삼계석문까지 이어져 있었다. 냇물에 사람이 가득할 때 은어도 한두 마리 주워 왔다. 그렇게 일 년에 몇 번씩 농약을 뿌려도 70년대엔 물고기가 많이 있었다.

시골의 가축과 들짐승들

첫째로 '쥐'가 있다. 어린 시절 쥐는 하도 많아서 들에도 마당에도 어느 곳에도 쥐가 있었다. 방에도 쥐가 있었다. 저녁에 잠자고 있으면, 엄마와 누나 어른들이 밤새 쥐를 잡곤 했다. 쥐가 들어오면 문을 모두 닫고 쥐를 쫓는데, 옛날 나무집은 쥐구멍이 많아서 쥐가 이 방 저 방으로 넘어 다녔다. 시골집 중에는 서까래가 보이게 천장을 안 해 놓은 집이 대부분 있었지만, 몇몇 집은 당시에도 천장을 종이로 발라 쥐들이 시끄럽게 돌아다녔다.

'두더지'는 몇 번 못 보았다. 손으로 꼽을 정도이다. 정말 땅을 잘 팠고, 두더지가 논두렁에 구멍을 내면 논에 물 댈 때 물이 밑으로 다 새 버리므로, 두더지 구멍을 막는 것도 하나의 일거리였다. 지금은 두더지가 없어졌다. 한 번도 못 보았다. 논두렁길도 시멘트로 바르고, 두더지 살 환경이 되지 않아 없어진 것 같다.

'족제비'는 주로 닭을 잡아먹는다. 닭을 기르지 않아 집 근처에는 나오지 않는 것 같지만, 쥐를 잡아먹는지 뱀을 잡아먹는지 알 수 없지만 지금도 족제비는 있는 것 같다. 최근에 집 근처에서는 못 보았다.

어린 시절 어른들이 '노루'라고 해서 노루라고 하지만, 보통은 노루인지 고라니인지 구별을 잘 못 한다. 노루는 한두 번 보았다.

'멧돼지'는 한 번도 본 적이 없다. 2000년대에 들어와서 개체 수가 많아진 데다 야생에 먹잇감이 줄자 멧돼지들이 시골 밭을 뒤지고 다니며 농사에 적지 않은 지장을 주고 있다. 도시에도 먹이 때문에 멧돼지 떼가 나타난다는 뉴스를 보았다.

'늑대'가 60년대엔 있었다는데, 늑대인지 개인지 구별을 못 해 우리 어렸을 땐 보았겠지만, 확실히 본 기억이 없다.

어른들 발음으로 '쌀괭이'라고 하고 표준어로는 '살쾡이'라고 하는 들짐승은 본 적이 없는데 마을에 종종 나타났다고 한다. 몇몇 친구들이 본 경험이 있다. 살쾡이는 닭을 많이 잡아먹었다. 그 당시는 모든 가정에서 닭을 키웠다. 달걀을 팔기도 하고 먹기도 했다. 여름에는 오래된 닭을 인삼 대신 마늘을 많이 넣고 푹 삶아 온 식구가 포식하기도 했다.

'개호자'라는 동물도 있었다는데, 호랑이 과인 것은 확실하나 이러한 짐승이 사실 있었는지는 알 수 없다. 본 사람도 없었고 어른들에게 들은 이야기라 확실하지 않다. 집에 있던 개가 저녁에 없어지면 개호자가 잡아갔다고 했다. 우리 집에서도 새벽에 깨갱 소리가 나서 나가 보니, 개가 없어졌고, 그 뒤로 개를 찾을 길이 없었다.

'여우'도 어른들께 이야기로만 들었지, 한 번도 본 적은 없다. 여우를 전라도 사투리로 '여수' 또는 '여시'라 했다. 옛날 선생님 아버지가 둔덕리로 결혼해서 오는 길에 웨기재에서 여우에게 홀려 하룻밤이 지나도 오지 않았다. 마을 사람들이 찾으러 갔더니 한겨울인데도 바위 위에 옷도 속옷만 입은 채 앉아 무슨 이야기를 하고 있었다. 그 추운 날 손톱 발톱이 다 빠진 채 앉아있어 마을 사람들이 구해 냈다고 하는 이야기가 지금도 전해진다. 정말 여우가 그랬는지는 기록으로는 전하지 않고 구전으로만 내려와 정말인지는 알 수가 없다. 나는 막내였고, 1913년생이시던 아버지와 아버지 또래의 어른들에게서 들은 이야기다.

'암탉'은 알을 낳고 '수탉'은 어른 노릇만 한다는데, 한때 내가 국민학교 시절에 우리 집 수탉 중에 사람에게 덤비는 닭이 있었다. 고양이도 꼼짝 못 하는 닭이었다. 개도 조그만 개는 혼쭐이 난다. 아주 셰퍼드 같은 큰 개에게는 아예 덤비지도 않는다. 어린 시절 닭하고 싸우느라고 힘들었다. 내가 나이가 10대 후반까지 있었는데, 그땐 닭이 잘 안 덤볐지만 덤비면 나에게 많이 맞았다. 도망도 잘 간다. 어른인지 아이들인지 구별할 줄도 알았다. 그래서 젊은 어른에게는 잘 안 덤볐다.

암탉은 순하지만, 새끼를 가지면 새끼가 중닭이 될 때까지는 수탉보다 더 사납다. 새끼 보호 본능으로 정말 물불을 안 가린다. 이건 90년대 중반 일어난 이야기다. 우리 집에서 암탉이 병아리를 돌보고 있었는데 족제비가 그만 어미 닭을 잡아먹어 병아리들은 갑자기 고아가 되었다. 하지만 엄마하고 같이 다니던 작은이모 언니 닭이 돌보아 아무 사고 없이 잘 자랄 수 있었다. 짐승이지만 대단하다.

우리 동네에서 위뜸에 '거위'를 한 집에서 키우고 있었는데, 내가 7~8세 정도 되었을 때 보았지만 정말 무서웠다. 나보다 4~5살 위인 형들이 매일 그 거위에게 못살게 굴었다. 거위 주인인 아주머니(아줌마)에게 맨날 혼이 나도 형들은 짓궂게 굴었다. 그 거위는 사람이 오면 개처럼 집을 지켰다. 그런 거위를 형들이 장난감처럼 갖고 노는 것이었다. 그 후로는 거위도 그 형들이 저보다 힘이 센지를 알고는 그 형들만 보면 도망갔다.

'토끼'는, 당시엔 농가 부업도 안 되고 그저 그랬기 때문에 기르는 집이 별로 없었다.

'소'를 모는 것은 주로 아이들이 했는데, 소가 힘이 좋아 제어를 할 수 없을 때가 되면 아이들이 질질 끌려가므로 반드시 코뚜레를 해야 했다. 소, 돼지, 염소 등은 우리 어린 시절만 해도 수정을 주인이 직접 했다.

소가 배란기가 오면 암놈이 순해진다. 그럴 때 직접 교미를 시킨다. 지금은 수의사가 모든 것을 다 하고 수놈이 필요 없다. 소와 염소는 사람 말을 잘 알아들었다.

하지만 '돼지'는 그렇지 않다. 돼지가 밖으로 도망 나가면 사람이 찾아와야 한다. 소하고 염소는 저녁이 되면 찾지 않아도 알아서 들어온다. 한번은 아버지하고 돼지 교미하러 새터에 돼지 수놈 있는 데에 갔다. 새터 부잣집인 아칠 양반 집에 수돼지가 있었다. 암돼지가 발정이 나면 정말 신기하게도 개처럼 졸졸 사람을 따라다닌다. 우리 집 암돼지는 새터까지 졸졸 따라와 교미하고 집으로 돌아왔다. 생생하게 기억이 난다.

야생 새들

봄의 전령사 '종달새'는 하늘에 높이 떠서 노래한다. 주로 냇가 모래밭 하늘 위에서 노래한다. 종달새는 모래에 듬성듬성 칡 넝쿨처럼 풀이 있는 곳에 집을 짓고 알을 낳는다. 몇 번 종달새알을 봤다.

'까치'는 그때나 지금이나 우리 곁에 많이 살고 있다. 때까치라는 새가 있었는데 무슨 이유인지는 모르지만, 어린 시절 우리가 부르기는 '닭한마리새'라고 했다. 때까치는 "때! 때때!" 시끄럽게 운다. 소나무나 밤나무에 집을 짓는데, 형들이 대나무 장대('간지대'라고 불렀음)로 새집을 콕콕 쑤셔대면 알이 깨지고 갓 태어난 새끼도 떨어졌다.

여름에 보면 벌레를 많이 잡아먹었다. 새끼 기를 때 보면 벌레가 항상 입에 물려 있다. 까치는 밤나무에 주로 앉았다. 소나무에 앉는 것은 별로 못 보았다. 밤나무나 참나무에 집을 지었다. 전봇대도 까치에게는 좋은 집터이다. 까치가 울면 손님이 온다고 했는데, 저 멀리서 사람들이 들어오면 집 뒤 나무에서 울어대니 손님이 온다고 했나 보다. 까치가 많이 울면 손님이 올 때도 종종 있었다.

'뜸부기'는 논에 집을 짓는다. 뜸부기는 여름에 논에서 종종 볼 수 있다. 뜸부기 집이 있어 알도 보았다. 벼와 벼 사이에 집을 지었다. 논과 논 사이 풀에도 집이 있다.

'소쩍새'는 주로 밤에 우는 새다. 밤에 울어 소변이라도 보려고 밤에 일어나면 종종 그 소리를 들을 수 있었다. 우리 동네 어른들은 소쩍새를 쑥꾹새라 했다.

'뻐꾹새'는 우는 것을 멀리서는 보았지만 가까이서는 못 보았다. 여름에 마을 뒷산에서 울면 새 소리도 정겹다.

'꾀꼬리'는 노란색이다. 노래하는 여름날이면 정겹다.

'비둘기'는 산에 소나무 낮은 곳에 집을 짓는다. 폭신한 집이 아니고 나뭇가지로 얼기설기 지어 놓는다. 알은 딱 두 개 낳는다. 하얀 알이다. 비둘기는 왜 알을 두 개만 낳는지 모르겠다는 생각을 했었다. 비둘기는 콩 농사를 망칠 때가 있다. 콩을 심으면 콩 떡잎이 올라올 무렵 콩 떡잎만 따 먹고 날아간다. 사람에게 전혀 도움이 안 되는 완전한 해조이다. 곡식을 먹고 산다. 벌레를 먹는 것은 한 번도 보지 못했고 닭처럼 식용으로 안 된다. 이 새는 없애버려야 하는 흉조이다. 초등학교 때 비둘기 때문에 노는 날이나 방학 때 콩밭에 콩 싹이 올라올 무렵 비둘기 쫓느라 놀지 못한 기억이 있다. 정말 쓸모없는 새이다. 서울에서 우리 건물에 똥만 쌓아 청소하기도 힘들고 차량에도 똥을 떨어뜨리면 부식이 잘 된다. 인간에게 전혀 필요 없는 새이다. 왜 이런 새를 평화의 상징이라고 했는지 알 수 없다.

'꿩'에는 수꿩과 암꿩이 있다. 수꿩은 장끼라 하는데 아주 화려하다. 꿩을 잡아 깃털을 집에 장식으로 걸어둔 집도 있다. 꿩은 닭처럼 땅에다 집을 짓고 알을 낳는다. 달걀보다는 작고 약간 푸른빛이 난다. 여러 개의 알을 낳는다. 꿩은 부화하면 병아리인지 꿩인지 잘 구별이 안 된다. 도시에 사는 사람들은 병아리인 줄 안다. 우는 소리도 병아리와 거의 같다. 꿩도 곡식을 먹고 사는데, 산 열매도 먹는다. 비둘기처럼 밭을 쑥대밭으로 만들지는 않는다. '꿩 대신 닭'이라는 말이 있듯이 꿩은 인간에게 단백질을 공급한다.

'파랑새'를 본 일이 있다. 우리 집 밭 아래쪽에 긴 낭떠러지 같은 곳이 있었는데, 너무 깊어 조금 무서운 곳이다. 거기에 파랑새가 있었다. 내가 꼬마 시절이다. 새마을운동 후에는 한 번도 보지 못했다.

'비비새'도 있다 시골집은 대부분 쥐똥나무가 50% 정도, 찔레, 벌똥나무 등 작은 나무로 엮어진 울타리에 둘러싸여 있는데, 그 사이에서 비비새가 종일 울어댔고 울타리에서만 살았다. 아마 비비새는 높이 날지 못하거나 비행 거리가 짧아 키가 작은 나무 울타리에서 산다고 생각했다. 집은 둥그런 머그잔처럼 만들고, 알을 낳는다. 알이 하늘색이다. 최근엔 비비새를 못 보았다 비비새는 온종일 울타리에서 음악회를 연다.

'참새'는 사시사철 사는 텃새이다. 가을 이후로는 곡식을 먹고, 여름에는 벌레를 잡아먹는다. 떼로 다니며 몇십 마리가 한 번에 오가는 걸 반복하고 그 수가 아주 많다. 참새와 방앗간 이야기는 겨울이나 봄에 일어나는 이야기다. 방앗간에 곡식이나 곡식알이 떨어져 있으므로 참새가 오게 마련이다.

우리 동네에 '까마귀'는 어린 시절에는 있었지만, 지금은 거의 없는 것 같다. 동네 형들이 까마귀를 잡아다 올챙이를 주니 잘 먹었던 기억이 난다.

'황새'는 어른들이 부르기를 황새라고 하지만, 황새인지 두루미인지 잘 모르겠다 어린 시절 여름에 황새를 많이 보았다. 벼 사이로 황새가 우렁이나 작은 고기를 잡으러 벼 사이를 다니면 아무래도 벼가 상한다고 어른들은 황새를 싫어했다. 80년도 초에 자취를 감추었다가 요즘은 많이 있는 것은 아니지만, 가끔 본다.

80년대 후반에 굴착기가 어쩌다 한 번씩 동네에 들어왔다. 굴착기를(Crane) '황새 모가지 차'라고도 했는데, 두루미나 굴착기가 황새가 목을 구부리고 펴고 하는 모양과 똑같아서 그런 명칭이 붙었다고 생각된다. 옛날 어른들은 영어는 알지는 못하지만, 해석을 포크레인이 황새처럼 일하는 모습을 보고 황새 모가지 차로 말하는 것이다.

'딱따구리'는 고목이나 밤나무에 구멍을 뚫어 거기에서 산다. 정말 부리도 단단하지만, 정확히 구멍을 뚫는 딱따구리의 재주가 대단하다고 생각되었다. 어떻게 원을 삐뚤어지지도 않게 정확하게 부리로 뚫었는지 지금 보아도 신기하다. 당산에 가는 고목이 된 밤나무에 딱따구리의 집이 있었다. 학교 자연책에서 배운 딱따구리와 똑같았다.

'부엉이'는 아주 큰 새이다. 어렸을 때 보아서 더 크게 보였는지도 모른다. 우리 동네 젊은 형들이 집에 두 마리를 잡아다 놓고 키워서 거기서 보았다. 그 형들이 부엉이를 잡아 오지 않았으면 부엉이는 동물원에서나 구경했지, 실제로는 못 보았을 것이다. 그 조카뻘 되는 집을 지날 때마다 한 번씩 보았는데, 부리와 발톱이 날카로웠다. 초등학교에 들어가기 전 어린이에게 부엉이가 공격해오면 아마 매우 위험할 것이다. 삼계석문 근처 모산재 바위에서 부엉이를 잡았다는 말도 들었었다.

'매'는 하늘에 떠 있는 것만 보았다. 일반 새보다 높이 떠서 정찰한다. 마치 지금 드론처럼 하늘을 누빈다. 매가 사냥하는 것도 보았다.

자연 장난감이었던 곤충들

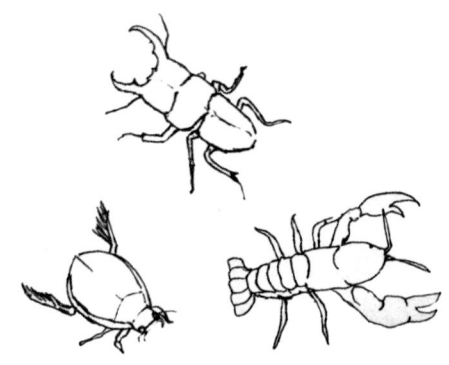

 참나무 곤충이라고도 하는 '사슴벌레'는 가장 귀하고 장난감처럼 가지고 놀기 좋다. 깨끗하고 생긴 것도 예쁘다. 집게가 큰 것을 잡으면 집게로 집는 힘도 자랑하고 싶었는데, 우리 밭에 큰 참나무가 있었지만, 사슴벌레는 한 번도 잡지 못했다. 친구들이 잡아서 학교에 가지고 오면 그것은 정말 좋은 자연의 장난감이었다. 우리 아들이 학교에 다닐 때 사슴벌레를 키우는 것을 보았는데, 이젠 사슴벌레가 그렇게 흔해졌구나 싶었다.

 '장수풍뎅이'도 한번 보았다. 너상굴 산에 절벽 옆 큰 참나무에서 한번 보고, 지금까지 우리 시골에서는 한 번도 못 보았다. 장수풍뎅이는 천연기념물로 지정되었다는데, 잘 모르겠다. 사슴벌레와 달리 '뽕나무 집게벌레'는 흔히 있었고, 집안 울타리에도 있어 저녁에 찍찍 소리 낸다. 자주 잡곤 했지만, 모양도 징그럽고 그래서 인기가 없었다.

풍뎅이는 '쌀풍뎅이', '보리풍뎅이'가 있는데 쌀풍뎅이가 더 예쁘게 생겼고 윙윙 소리도 더 잘 냈다. '보리풍뎅이'는 모양도 안 예쁘고 윙윙 소리도 적다. 풍뎅이는 잡아서 다리를 다 떼어 버리고 목 있는 부분을 비틀어 두 번 꼬면 날아가지를 못해 윙윙하는데 소리와 날갯짓이 상당이 크고 소리도 크다 지금 생각하며 너무 곤충에게 잔인했다.

'메뚜기'는 아주 꼬마 시절엔 잡기가 힘들다. 잡는 것보다 메뚜기가 뛰는 게 더 빠르다. 초등학교 3학년 이상이 되면 가능하다. 어린 시절에 '벼메뚜기'는 정말 많았다. 70년대 초에 들어 어느 날 갑자기 메뚜기를 볼 수 없게 되었다. 지금도 벼메뚜기는 보지 못했다. 잔디에 있는 메뚜기는 가끔 보는데, 방아깨비하고 다르다. 방아깨비는 아주 큰 메뚜기이다. 초록색 메뚜기이다. 풀을 먹는 곤충이라 불에 구워서 먹는다. 방아깨비를 우리 동네 말로는 '땅깨비'라고도 했다.

'사마귀'는 징그럽게 생겼고 앞발 힘이 세다. 정말 곤충 중에 가장 힘이 센 것 같다. 사마귀가 죽으면 배에서 기다랗고 검은 것이 거머리처럼 나오는데 이게 무엇인지는 모르겠다. 형들이 말하기를 그것에 감기면 손가락이 끊어진다고 했다. 그래서 겁나기도 했지만, 거짓말인 것 같기도 했다.

'여치'는 여름밤에 노랫소리가 즐겁다. 귀뚜라미처럼 노래를 잘한다. 귀뚜라미는 가을 길목에 서 있을 때 부엌에서 주로 보았다. 그다지 많이 보지는 못했다.

물에서 사는 곤충에는 방개, 쌀방개, 보리 방개가 있다. 역시 '쌀방개'가 예쁘고 보기도 좋고 헤엄도 잘 치는 것 같다. 쌀방개는 구워 먹는다고 했는데, 한 번도 먹어 본 적은 없다. 또한, 쌀방개는 보리 방개보다 숫자가 적다. 방죽이나 도랑에서 가끔 보인다. '보리 방개'는 개울이나 방죽에 작은 것에서 큰 것까지 어느 곳이든 물이 있으면 있다 검은색이다. 작은 방개를 잡으려다 집 앞 도랑물에 빠진 적도 몇 번 있었다. 잡아다 그릇에 물과 함께 넣어 놓으면 좋은 장난감이다. 아마 내 생각인데, 안에 날개가 있어 날아갔는지, 어느 날 방개가 없어진 것을 보고 연못에 보면 방개가 많이 살았다. 우리 동네 내 동갑내기가 연못에서 방개 잡으려다 어린 시절 운명한 친구도 있다. 방개는 인기가 좋았다. 방개는 가장 좋은 자연 장난감이었다. 물도 있고 잡아다 물에 넣어 놓으면 신기하다.

'소금쟁이'는 물 위를 다니는 곤충이다. 소금쟁이는 어느 물에

나 다 있다. 잡기가 어렵다. 빠르고 물 위로 흘러 다녀 별로 인기는 없었다.

어린 시절엔 물속에 있는 곤충 잡기를 좋아했다. '소 갈퀴'는 물속에 있는 것이다. 고동색으로 소뿔처럼 된 것도 있고, 작은 것도 있다. 이 곤충은 많기도 하고 잡기도 쉬웠다.

'땅강아지'는 정말 강아지처럼 발발거리며 다닌다. 잡기도 잡지만 그렇게 놀다가 보내주기도 한다. 가지고 다니면서 노는 곤충이 아니다.

'가재'는 새마을운동 이전에는 우리 집 징검다리 개울에도 많이 있었다. 가재는 일급수에 사는 것인데, 우리 도랑이 일급수였나 보다. 가재가 사는 곳을 보면 산에 나무하러 가면 샘이 있고 물이 졸졸 소리 내며 흐르는 그런 곳에 있다. 물 나오는 길이라고 해야 하나, 도랑도 아니고 거의 물이 시작되는 곳이라고 해야 하나, 그런 곳이다. 가재는 꼭 랍스터처럼 생겼다. 가재는 잡아서 불에 구워 먹기도 하고, 많이 잡으면 어른들이 게탕 해 먹듯이 요리를 해서 먹는다. 술안주로 좋다. 새마을운동 이후엔 실개천을 시멘트로 단장을 해 가재가 살 수 없어 사라진 것 같다.

초가집 불 끄기

어제 강원도 경북 울진에서 산불이 일어났다. 60대 노인이 방화했다고 한다. 내 동갑 나이인데, 동네 사람이 자기를 무시해서 방화했다고 말한다. 참으로 어이가 없는 일이지만, 그 방화 때문에 수많은 사람이 삶의 터전을 잃고 모든 가재도구 심지어 옷마저 다 타버렸다. 화재 피해를 본 주민들은 망연자실한 채 어찌할 줄을 모르고 있다. 복구될 때까지는 얼마나 걸릴지도 모른다. 이재민들이 체육관 텐트 안에서 오랜 시간 생활이 또 얼마나 힘들겠는가.

그래도 한겨울이 아니고 봄이 오는 길목에서 당한 것이어서 조금은 낫겠지 싶지만, 화재를 당한 주민들은 여전히 몸과 마음이 추울 것이다. 하루빨리 복구되어 일상생활로 돌아가면 좋겠다. 내가 아주 어린 꼬마 시절엔 동네에서 불이 나는 것을 종종 보았지만, 초등학교 입학하고 나서, 즉 새마을운동이 끝나고 나서는 집에 불이 나는 것은 보지 못했다. 새마을운동으로 초가지붕을 기와나 슬레이트 지붕으로 바꾸어 놓았기 때문이다. 초가집은 불똥만 튀겨도 불이 붙는다.

 나는 우리 동네에서 일어나는 산불도 거의 보지 못했다. 나는 어린 시절부터 20대까지는 산에 땔나무를 하러 다녔다 솔잎이나 갈잎을 갈퀴로 긁어 지게에 지고 일주일에 3번 정도 산에 가곤 했다. 당시 모든 동네 사람이 나무하러 산에 가 나뭇잎을 긁어 오니 산에 낙엽이 쌓일 수 없고 산에는 거의 소나무인데, 나뭇잎이 사시사철 초록색이고 겨울에는 더 초록빛이 발한다. 그래서 웬만해서는 불이 붙지 않는다. 그 시절 산불이 잘 안 났던 것은 그런 이유 때문이다.
 시골 산에 겨울철 낮에는 어느 산골짜기를 가더라도 사람이 있었다. 특히 우리 동네는 높은 산이 많아 땔감 나무는 걱정을 안 했다. 먼 동네 사람들이나 오수에 사는 사람들이 나무를 하러 10리 길을 넘게 걸어와 나무를 하면 우리 동네 앞길로 지나다니곤 하였다.
 그때 아이들은 그 넓은 산이 무섭지도 않았나 보다. 초등학교, 중학교 다닐 만한 나이만 되면 지게를 지고 나무를 했으니 말이다. 지게를 지지 않은 사람은 칡넝쿨로 묶어서 메었고, 여자들은 머리에 이고 나뭇짐을 날랐다. 나무하다가 산에서 고구마도 구워 먹고 그랬다. 그래도 산에 산불이 일어나는 것은 보지 못했다. 만약 그 당시에 산불이 났다면 진화하는 것은 거의 불가능했을 것이다. 소방차도 없었지만, 소방차가 있다 하더라도 차가 들어올 도로가 없으니 어떻게 불을 끌 것인가. 일부러 우리는 논두렁에 불을 질렀다. 소위 논두렁 태우기인데, 그래야 병해충들이 죽는다고 했다. 봄이면 논두렁 밭두렁 태우는 것이 일이었다. 설사 불이 다른 데로 옮겨 가더라도 서둘러 끄면 끌 수 있었지, 산불이 날 정도는 아니었다.

나중에 새로 짓는 집들엔 기와를 이은 집이 많았지만, 당시에 주거하는 집이면 90% 이상이 초가집이었다. 초가집은 애들이 불장난하다가 옮겨붙기가 쉬웠다. 그 시절 집에서 탈곡하다가 남은 짚을 낟가리를 동그랗게 만들어 집 높이로 쌓아 놓곤 했다. 소도 먹이고 초가지붕의 일부 낡은 데를 벗겨내고 새것으로 덮을 날개(지붕에 얹으려고 짚으로 엮어 놓은 다발)를 만들기 위해서다. 그 쌓아 놓은 짚 낟가리 근처에서 불장난하다 불이 날 수가 있었다.

불이 나면 불을 처음 발견한 사람이 "불이야!" 하고 소리친다. 바람이 불면 순식간에 옮겨붙기 때문이다. "불이야!" 하는 소리가 떨어지기가 무섭게 사람들이 달려온다. 전직 육상 선수처럼 들에서 산에서 논과 밭에서 일하다가도 육상 선수보다 더 빠르게 달려온다. 순식간에 사람이 몰려와 집에 있는 양동이 대야 등 물이

들어갈 정도의 그릇이란 그릇은 다 들고나온다. 집 옆 샘에서 바로 물을 길어 여성들이 물을 들고 가고, 젊은 사람들은 힘을 이용해서 지붕 위에 물을 뿌리고, 또 나무 사다리를 타고 양동이 물수대를 들고 올라가 좍좍 사정없이 물을 뿌린다. 신기하다. 그리고 한 30분 정도가 지나면 분 거의 소진된다. 정말 빠르다.

불은 겨울보다 봄철에 많이 났다. 겨울에는 어른들이 추우니까 집에 계셨고, 한 집에 최하 6~7명 정도는 살고 있어서 불장난을 못 할 뿐만 아니라 어쩌다가 조금 불이 나도 어른들이 바로 진화할 수 있었다. 이른 봄에는 농사철이라 어른들이 밖에 모두 다 나가 계셔, 아이들이 성냥 가지고 불장난을 하다가 옮겨붙을 수가 있다. 그래서 이른 봄에 불이 자주 났다. 어린 시절 내가 봤던 화재 중에 집이 완전히 전소됐던 것은 못 봤다. 지붕이 탈 정도만 몇 번 봤다. 그땐 사람들의 협동심이 그렇게 강했다.

새마을운동 이후로는 지붕이 슬레이트와 기와집으로 모두 바뀌었다. 이젠 초가집이 없어서 지붕을 이을 필요가 없어 짚도 소죽이나 생짚 소먹이로 사용해 밖에 쌓아 놓는다. 점점 짚 사용량이 줄어들어 일부러 방화하는 것 말고는 집에 불이 날 위험은 거의 없다.

오래전 중국 자금성에 다녀왔는데, 왕궁 곳곳에 아주 큰 넓은 못이 있고, 곳곳에 물을 담는 용기가 있는 걸 봤다. 왜 그렇게 용기가 많으냐고 물어봤더니, 그 옛날에도 불이 나면 왕궁 전각의 샘이 너무 멀리 떨어져 있어 화재에 대비해서 그 용기에 항시 물을 담아 둔다고 했다. 불은 고마운 것이지만 또한 무서운 것이다.

시골 아이들의 간식

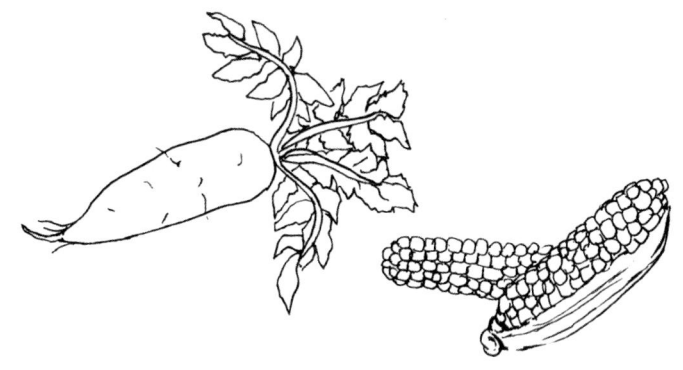

어린 시절 아파서 알약으로 된 약이나 지어 와서 먹는 약은 무척 쓰고 삼키기가 어려워 씹어 먹었던 기억이 난다. 약은 아이들이 대부분 안 먹으려고 한다. 내 어릴 적 한번은 조제약이라고 해서 너무 쓴다고 안 먹으려고 했더니, 그럼 과자 주겠다고 하셔서 먹었던 기억이 난다. 장날에 사 주시는 과자나 손님이 방문해 사 온 과자는 한 번에 주시지도 않았고 조금씩 몇 번에 나누어 주셨다. 시렁에 올려놓고 가끔 주시는데, 그때그때 달랐다.

하지만, 시골 아이들이 자주 먹었던 간식은 그런 과자류와는 달랐다. 봄에는 찔레나무 연한 순을 먹으면 먹을 만했고, 억새 올라올 때쯤 따온 억새 봉우리도 맛있었다. 집 뒤곁 밭에 있는 골담초

나무에서 황금색 꽃 모양의 4분음표 꽃 만개하면, 8분음표 모양처럼 생긴 황금색 꽃이 피어 그 꽃은 주렁주렁 많이 열렸다. 한가지 길게 많이 달리면 오선지 음악 악보 같다. 한 움큼씩 따서 먹으면 아주 달고 맛있었다.

울타리에 있는 덩굴줄기나 시금치도 가끔 먹었고, 가장 맛있는 것은 벌똥 나무에 수백 개의 작은 팥만 한 작은 알맹이가 익었는데, 빨간 열매로 정말 달았다. 똑같은 큰 열매가 있는데 '보리수 열매'라고도 한다. 벌똥나무 개량종인지 알 수 없지만, 우리 집에는 울타리에 벌똥 나무가 많아 많이 따 먹었다.

오디도 좋은 간식거리이다. 뽕나무 열매인데, 달고 맛있다. 지금도 시장에 오디가 나온다. 마트에서도 본 것 같다. 오디는 옛날 뽕나무에 많이 열었고, 누에를 키우기 위해 심은 새로 개량한 뽕나무에는 거의 오디가 없었다. 요즘 들어 오디가 건강에 좋다고 뽕잎보다 오디 열매가 많이 맺을 수 있는 나무를 개량한 오디나무가 있다. 격세지감을 느낀다.

들에 나가면 오이와 가지, 들에 열매도 많아 산딸기 등 머루도 많이 있었다. 보리 익을 때는 보리 이삭을 불에 그슬려 먹었다. 그런 게 시골 아이들의 간식이었다.

가끔 집에서 밀가루를 막걸리나 이스트를 부어 솥에 넣고, 그 위 삼베 위에 밀가루 반죽을 해서 놓고 장작으로 불만 때면 맛있는 밀가루 빵이 되었다. 팥소도 없이 사카린으로 단맛을 냈다. 하지 감자도 좋은 간식거리였다. 쪄 먹어도 되고 구워 먹어도 된다. 하얀 속살이 설탕 같아 보이고 정말 맛있었다.

밭에 수박 한 모종 심어서 수박이 익으면 그것도 먹고, 참외는 개똥참외라는 것이 더 맛있었다. 농부가 심어서 따 먹는 게 아니고, 거름에 참외씨가 섞인 채로 심어져 거기서 참외가 자라는 것이다. 그때의 참외 맛이야 지금의 어떤 참외보다 맛있는 것 같다.

늦여름 옥수수도 맛있는 간식이다. 주로 사카린을 넣고 솥에 삶아서 먹는 것보다 밥할 때 옥수수 껍질은 두 겹 정도 남겨 놓고 잔불에 묻어 놓으면, 정말 아주 알맞게 군옥수수가 된다. 주로 구운 옥수수를 많이 먹었다.

군밤은 소죽솥 잔불에 구워 먹는다. 가끔 뻥뻥하는 소리가 난다. 소리 나는 밤은 속이 빈 밤이다. 껍데기만 남았다. 밤은 압력이 있어 껍질을 조금 흠을 내주어야 하는데, 그것을 안 하고 불에 구우면 밤이 뜨거워져 폭탄이 되는 것이다.

연못의 모란 씨도 하얀 속살을 먹었는데, 그것을 먹어도 배탈이 안 나는 것을 보면 먹는 것이 맞는 것인가 보다.

우리 집은 집터가 넓고 살구나무도 있어 여름에 실컷 먹었는데, 대문 입구에 있어 마루에 앉아있다가 떨어지면 주워 먹곤 했다. 뒤꼍 장독대 옆에 자두나무도 한 그루 있어 자두가 익을 때 보면 보기가 좋았다. 빨간색 자두는 예쁘다. 살구보다 자두가 더 예쁜 것 같다. 바로 위 형이 딸기 모종을 한 개 얻어 심은 딸기 모종이

금세 퍼져, 몇 평 안 되는 땅에 딸기가 익으면 따 먹기 좋았다. 아버지는 딸기를 '때왈'이라 하셨다. 가끔 돌 복숭아도 울타리에 어쩌다 한 개씩 달려 그것 따 먹는 것도 따는 것도 맛있고 재미있었다. 큰 복숭아는 '왜복송(일본 복숭아)'이라 했는데, 우리 동네에는 면장 집에 한 나무 있었다.

늦여름부터는 밤과 감이 있었다.

감은 약간 풋감을 주워다가 장독대 작은 항아리에 물을 넣고 3일 정도 되면 떫은맛은 없어지고 달게 우려져 맛있었다.

열매들은 오래 두면 상하고 균이 생겨 배탈이 났다. 그런데 그럴 염려가 없었다. 넣어두면 하루라도 빨리 먹으려고 하루가 지나자마자 열어 보았기 때문이다. 그러고 나서 이틀 후에 하나 꺼내서 한 입 먹고, 떫으면 버려 버린다. 그리고 다시 기다린다. 사흘 정도는 되어야 우려진다. 깜빡 잊고 일주일 후에 열어 보면, 감색으로 물이 변해 있다. 지금 같으면 꺼내서 맑은 물로 헹구어 먹겠지만, 그땐 그냥 먹는다. 약간 신맛이 난다. 우리 위 세대 누나들도 그렇게 했는지는 모르겠다. 막내인 나 혼자 집에 있었기 때문에 그렇게만 기억이 난다.

밤은 늦여름 밤나무에 달린 밤송이를 나무에 돌이나 나뭇가지로 내려치면 떨어지는데, 밤송이를 까면 밤 알맹이가 하얗게 3개나 들어있었다. 까서 먹으면 아직 완전한 알밤이 아니지만 연하고 부드럽다. 늦여름부터 밤이 떨어지는 늦가을까지 쭉 밤을 주워 먹거나 따 먹었다. 밤은 무척 고소하다. 알밤을 주우러 새벽에 일어나 밤나무밭에 가서 알밤 떨어진 것을 보면 알밤 밑면이 하얗다. 새벽이라 깜깜한데, 하얀 것만 보고 주우면 된다. 해가 올라와 알밤이 보일 때쯤이면 알밤을 거의 다 주웠을 때였다. 밤 떨어질 때는 보통 추석 지난 후라, 아침에는 찬 이슬이 내려 쌀쌀했다. 그래도 밤 줍는 재미로 추운 줄도 모르고 넘어갔다. 밤은 먹기도 하지만, 한가을 내내 주워 밤이 되로(1되 = 2kg) 몇 되 정도 양이 되면 장에 가서 엄마가 팔기도 했다.

늦가을 가을걷이할 때, 첫서리가 내리고 며칠 후에 고구마를 캔다. 서리가 내리면 고구마 순이 서리에 얼어 시들어서 고구마 수확을 할 수 있었다.

무우도 맛있다. 그 시절에도 왜 무시, 조선무시라고 구별했다. 조선무는 짧고 울퉁불퉁하고 못 생기고 맛도 별로 없다. 왜무는 날씬하며 길고 겉이 일정하게 굵기도 머리부터 꼬리까지 같다. 위만 초록색 티가 있고 땅에 묻혔던 밑은 하얗게 대패질을 한 나무토막처럼 매끄럽다. 주로 흙과 모래가 섞인 밭에서 잘 자란다. 무 껍질도 잘 벗겨진다. 알맹이를 먹으면 달다. 맛있다. 당도가 낮은 조선무보다 배 이상 달다.

겨울에는 주로 고구마를 먹거나 묘사 떡을 말려서 먹거나 하지만 별로 먹을 것이 없었다. 곶감도 있었고 옥수수 뻥튀기도 있었지만 귀했다. 콩도 볶아서 먹었다. 내 어린 시절에는 과자를 제대로 먹지 못해서 그랬지, 배가 고팠던 적은 기억에 없다. 60년대생인 나의 기억이다. 그 이전 세대에는 무척 배가 고팠다는데, 얼마나 배가 고팠는지는 알 수 없다.

서도역 가는 길

　내가 태어난 마을은 전주 이씨 효령대군 자손의 집성촌으로, 1914년 이전에는 남원부 둔덕 방이었다. 소설 『혼불』의 무대가 된 마을이기도 하다. 혼불에는 강모, 강실이 효령대군 18대손으로 나하고 같은 항렬 강(康)자 돌림이다. 우리 집은 그중에서도 높은 지대에 있었고, 마을에서 우리 집 한 집만 마을 반대 방향으로 있다. 지대가 높은 덕에 아침에 눈을 떠서 해가 질 때까지 보이는 고향 풍경은 먼 듯 가깝게 보이는 보절면 만행산 천황봉으로부터 서도역까지 이어지는 산세가 정말 병풍을 펼쳐 놓은 듯한 모습이다. 그중에서도 만행산은 해발 996m로 약 1천 미터에 가까운 높은 산이다. 어떤 이는 지리산 천왕봉이 아닌가 착각하기도 한다.

나는 이 천연의 병풍을 이룬 산들과 그에 어우러진 마을 앞을 지나는 기차를 보고 자랐다. 기찻길 옆 오막살이는 아니었지만, 항상 기차는 내 곁에 있었다. 서도역이 우리 마을 바로 앞으로 지나가게 설계가 되었었는데, 옛날 우리 동네 어르신들이 권세가 대단했는지 기차 소리 시끄럽다고, 멀리 떨어지게 하라고 하시며 측량 시에 말뚝도 뽑아 던져버리며 반대하셨다고 한다. 그래서 서도역 설계가 왕산 바위 근처로 설계했는데, 전주 이가 효령대군파 권세가 있는 종중이 반대하여 우리 마을에서 멀리 떨어져 기찻길이 놓이게 되었다. 그런 말을 1880년생 정도 되시던 마을 어른들에게서 들었다고, 나에게는 항렬로 형님뻘 되시던 분들이 이야기하곤 하셨다. 형님 어린 시절 그 어른은 해방 이후까지 살아계셨다.

오수에서 우리 마을 앞으로 지나가는 철길이 놓였다면 철다리를 한 개만 건설하면 되었는데, 마을을 우회하며 멀리 떨어지게 다리가 놓여, 다리가 3개 더 놓이게 되었다. 그래서 다리 공사비가 많이 들어갔다고 했다. 우리 동네 앞으로 철길이 놓였다면 6·25 때 폭격도 피했을 것이다. 유엔군이 6·25때 인민군들의 물자 보급을 끊으려고 다리를 폭격했다. 그러면 다시 밤에 사람들을 동원해서 모래 가마니로 다리의 발을 임시로 연결해서 운행했다. 운행하는 기차는 일단 서도역에서 정차하였다가 이상이 없으면 출발하곤 하던 애환이 많은 서도역이었다.

둔기. 대정리에서 서도역에 가려면 철다리길 두 개를 건너야 하고, 우리 동네에서 가려면 작은 철다리길 한 개를 건너야 한다. 작은 철다리길 옆에는 깊은 방죽이 있었는데, 6·25 때 폭격으로 생긴 것으로 내가 20대 때도 있었다. 서도역을 처음 가본 것은 대여섯 살 무렵인데 엄마가 고사리 꺾으러 간다기에 엄마를 따라 함께 나섰다. 산성으로 이어지는 철길을 따라가다가 서도역을 지나간다. 우리 동네에서 살다가 그리 이사 간 이름이 점재라는 아저씨가 엄마를 보고 '아주머니' 오셨냐고 반갑게 맞아주셨다. 확실한 것은 아니지만 30대 정도로 보이던 그분은 밥도 주시고 시루떡도 싸 주신 것으로 기억이 난다. 고사리 채취를 마치고 오는 길에 서도역 점방(가게)에서 사탕 한 개를 사 주셨는데 그것이 그렇게 달고 맛있었다.

  그 당시 서도역 주변은 번화가였다. 점방이 몇 개 있었고, 밥과 탁주를 파는 식당, 스웨터를 짜는 맞춤 편물점, 이발소 2개, 정육점 등도 있었다. 또한, 역이 있으니까 열차를 타려고 오는 사람들도 있었지만, 번화가여서 물건을 사러 오는 사람도 있어 항상 사람들이 붐볐다. 우리 집에서 서도역에 가려면 당산을 지나서 교회 앞길로 가야 한다. 당산 끝자락에 밤나무가 있었는데 불에 탄 것처럼 반 정도가 부러져 있었고, 나무 안이 검은색으로 텅 비어 있었다. 비가 오면 나무 안에 물이 고였다. 그 밤나무가 우리 집 쪽에서는 당산의 끝이고, 서도역에서 올 때는 당산의 시작이었다. 당산에 내려서 보면 바로 밀밭과 호밀밭이 있었다. 왕산 바위 밑에는 항상 푸르른 물결로 가득했다. 초여름에는 산들바람이 불어서 밀 향기가 그윽했다. 아름다운 풍경은 당산 끝자락에서 서도역까지 이르도록 시야가 탁 트인 들판이 이어져 푸른 물결로 가득 차 있었다.

서도역에 가는 길에는 겨울에는 폭이 50센티가 되는 판자 다리를 놓아 건너가야 했고, 여름에는 장마로 판자 다리가 물에 떠내려갈 것을 대비하여 떼어 놓곤 했다. 모두가 겉옷을 벗고 신발을 들고 시냇물을 건너 보와 도랑 사이 좁은 길로 걸어서 옛날 드라마에 나오는 보(洑)둑으로 연결되는 길로 가야 했다. 지금이야 차가 다닐 수 있는 포장도로가 생겼지만, 그때는 흙길로 아주 좁았다. 지게 지고 가는 사람만 겨우 다니는 길이다 보니, 가을에 추수하고 볏단을 집으로 가져올 때면 소달구지(수레)가 다닐 만한 넓은 길이 없어 논으로 다녔다. 지금 그 광경을 그림으로 그리려면 가물가물하기만 하다. 그래서 무엇이든지 기록해 놓으려면 그때그때 해야 한다고 깨달았다.

중두보에 있는 우리 논 근처로 길이 나 있어 논을 지나야 철길이 나온다. 철길을 따라 침목을 밟으며 철다리를 건너다가 우리 동네 사람 한 분이 다리 한가운데서 기차를 만나 돌아가신 분도 계시다. 작은 다리여서 중간에 피할 데가 없었다. 나중에 사고가 난 후에 피난 난간이 생겼다. 구름다리 (운교리) 쪽으로 난 100m의 큰 철 다리는 피해 가는 곳이 2개가 있다. 긴 다리라 그런가 보다. 우리 또래는 철 다리를 건너면 무서웠지만, 나보다 5년 형들은 무서운 것 없이 다리를 건널 때 거의 뛰어가는 수준으로 건너갔다. 어쨌든 역으로 빨리 가는 설렘으로 무서울 것도 없이 발길은 가벼웠다. 철길에 들어서면 기분이 좋다. 흙길이 아니고 자갈 위에 있는 침목 위를 걸어가니 항상 신기하기도 했다. 철길 옆 통신 전봇대 위에서 참새가 재잘거리며 '서도역에 기차 타러 가는구나' 하고 반겨주는 모습 같았다.

서도역에 가는 두 번째 길은 숲말 길로 마을 앞으로 돌아가는 길이었다. 큰 시냇가를 건너면 사매면 수월리에서 내려온 작은 시내가 있는데, 바닥이 하얀 모래밭이다. 신발을 벗고 맨발로 걸으면 한 걸음 한 걸음 걸을 때마다 뽀드득 뽀드득 음악 소리가 났다. 모래 위로 흐르는 맑은 시냇물은 1급수여서 피리 떼의 놀이터 겸 집이었다. 이 냇가에는 피리 한 가지 종류만 사는 것 같았다. 수월 천에서 흘러온 물은 숲말 돌다리가(겨울철에만 있는 다리) 하도 정겹고 아기자기해서 다리를 정자 삼아 잠시 쉬어가기도 했다. 정자나무에서 참새들은 나를 반기고, 혼불의 정신이 깃든 노적봉 봉우리에 하얀 뭉게구름이 벗 삼아 같이 가자고 졸라대는 듯했다.

서도역 건널목에 이르면 들어가는 입구에 방앗간이 있었는데, 작은 디젤 발동기로 정미하는 것만 빼고 다 할 수 있었다. 다른 방앗간과 다 똑같았는데 이 방앗간은 국수를 빼는 기계도 있었다. 초여름 국수 가닥을 말리는 모습은 삼베실 널어놓은 것하고 비슷

했다. 귀 한쪽이 없는 아저씨가 운영했는데, 그래서 사람들이 짝귀라고 했다.

몇 년 전에 소식을 물어보니, 지금도 80대 나이로 아직 살아 계신다고 했다. 그러고 보니, 그 아저씨는 20대부터 사업을 했나 보다. 이런 지가 50년도 넘은 이야기니까. 짝귀 아저씨 방앗간은 70년대 말까지만 하고, 칠 공주 집이 그 집을 인수해 운영했는데, 딸이 많아 칠 공주 방앗간이라 했지만, 국수는 만들지 않았다. 그 집엔 우리 집안 형수하고 동갑인 집사님이 계셨는데 둔덕교회를 다녔다. 인자하게 보이신 그 집사님네는 내가 서울로 오고 갈 당시에 종종 들렀다. 내가 아파서 시골서 영어 공부를 하고 있을 때, 나는 서울 병원 약 타러 다녀야 해서 서도역에서 완행열차 타고 서울에 있는 병원에 한 달에 한 번 다녔다. 나는 서울로 올라가는 기차 탈 때는 방앗간에 못 들렀고, 내려올 때 물이라도 마시려고 항상 방앗간에 들었다. 그러면 성경 이야기도 해주시고 가끔 떡도 먹으라고 주셨던 기억이 난다.

방앗간 바로 옆에는 완목 신호대가 있었다. 방앗간에 있다가 관목 신호대의 손이 내려가면 그때 방앗간에서 출발하면 되었다. 완목 신호대도 너무 오래 팔을 들고 있어 팔이 아픈가 손님 오기를 기다린다. 손님이 오면 반가워서 손을 얼른 내린다. 칠 공주 방앗간은 90년대 후반에 사매면으로 이사를 했다. 2022년 여름, 문득 사매면 소재지에 있는 칠 공주 방앗간을 찾아서 차를 타고 서도역에서 사매까지 친구와 갔었는데, 그 길에서 느끼는 설렘은 그때나 지금이나 똑같았다. 사매면에 있는 오래된 점방에 들어가서 점방 아주머니에게 인사 겸 말을 건넸다. 서도에서 이사 온 방앗간이고 딸이 많다고 하니 누구라고 금방 아신다. 실제 딸이 많았고 막내만 아들이었다.

왜 묻냐고 하길래, 내가 서도역 노래를 만들었는데, 가사에 그 집이 들어가 있어서 한번 들렀다고 했다. 그리고 내 20대 시절을 자세하게 이야기했다. "오라, 그런 일이 있었네요?" 하시며 그분은, 그 집 아버지는 일찍 돌아가시고, 어머니는 몇 년 전에 돌아가셨다고 했다. 딸들만 남원, 전주 등지에서 살고 있고, 지금 방앗간은 다른 사람이 인수해서 계속 운영하고 있다고 했다.

방앗간 칠 공주들은 나를 모른다. 43년 전 어느 날, 내가 오수역에 새벽 시간 때 서울에서 교련복 입은 여학생하고 같은 칸에 타는데 그 여학생도 오수에서 같이 내렸다. 한 달 정도 지난 나는 서도역 내려 평소처럼 방앗간에 들었는데 기차를 같이 타고 온 그 여학생도 방앗간에 있었다. 아무 말 없이 혼자 생각으로 "저 여학생이 이 집 딸이구나" 하고 짐작했고, 그 기억으로 40년이 지나 서도역 칠 공주 노래의 가사가 떠올랐다.

특히 저녁에 깜깜한 밤 서도역에 내리면 집에 오는 길이 멀고 무서웠다. 역 정면서 우리 동네 쪽을 보면 저 멀리 언덕 위에 100년이 된 둔덕 교회 십자가에 빨간 불이 어두운 밤길을 인도하는 등대처럼 보였다. 불빛을 따라 걸어오면 무서움도 잠시 잊게 된다. 오랜 시간이 흘렀지만, 서도역의 추억이 지금도 아련히 떠올라 그 기억을 더듬어 서도역 노래를 4곡이나 만들었다. 그중 한 곡을 소개한다.

〈서도역 가는 길〉

-이강국 시 / 신정란 곡

한여름 정자나무 잎을 흔들며 지나가는 바람
왕산 바위 더운 볼을 만지며 다정하게 인사하네!
시냇물에 긴 머리 늘어뜨린 버드나무와 은어 떼
삼계석문 하얀 모래밭 밟길 누가마다 하리요
수월에서 흘러온 물이 돌다리에서 쉬어가네
노적봉 바라보다 문득 그리운 내 어머니
그 옛날에 칠 공주 살았던 곳 서도 방앗간 앞 지날 때
설레어 홍시가 되어버린 얼굴 숨 가쁘게 뛰었지!
약속 시각을 지켜주었던 기차는 나의 삶에
학습되었습니다 사연을 품은 만남과 이별
영원한 길동무처럼 사연을 품은 만남과 이별
노상 그리워 서도역 가는 길

고향은 나의 쉼터이고 옛 서도역은 생각만 해도 기분 좋아지는 추억이다. 특히 서도역과 관련된 서정은 대부분 내 성악곡으로 만들어졌다. 자꾸만 쇠락해 가는 서도역 권역 시골 마을의 현실이 안타까워 그 소중한 추억들을 이렇게 노래가 담긴 문장으로 남긴다. 세월이 흘러 다음 세대에서 생활문화나 터전이 변할지라도 그 옛날 기록 정도는 될 것이다.

시골의 세제

구한말에 양잿물이 들어왔다. 우리나라에서는 잿물이라고 했는데, 서양에서 들어왔다고 하여 양잿물이라고 했다. 양잿물(수산화나트륨)은 화학적으로 만들어 저 식물성 잿물보다 훨씬 강력한 세탁력을 가진 세제 원액이었다. 정말 때가 잘 빠진다. 일반 잿물보다 세탁물에 더 많은 손상을 줄 수 있었지만, 찌든 때는 정말 잘 빠졌다. 처음 양잿물이 한국에 등장한 구한말 당시로서는 정말 신기하고 획기적인 제품이 아닐 수 없었다.

보통 빨래는, 잿물에 담갔다가 빨기도 하고, 방망이로 때려서 빨기도 하고, 물이 잘 흐르는 도랑이나 냇가에서 빨기도 하지만 때가 잘 지워지지 않았다. 그래서 지금처럼 깨끗이 빨래할 수가 없었다. 그리고 빨래하는 그 수고로움이란 이루 말할 수가 없었다. 추운 겨울에 우물가에서 하는 빨래는, 물이 지하수라 그나마 온도가 18도 정도 되어 영하로 내려가는 땅 위보다는 따뜻하다. 이것도 물안개가 올라오는 시골 샘에서의 경우다. 도랑이나 냇가의 물은 흐르는 물이라 더 차갑다. 2도만 차이가 나도 크게 다르다. 그곳에서 빨래하던 우리네 엄마나 누나들은 얼마나 손이 시렸을까?

여기서 말하는 잿물은 주로 짚을 태워서 시루에다 넣고 위에서 물을 부어 아래로 떨어지는 물을 받아서 만든 것으로 잿물이라고 했다. 이름 그대로 재의 물인 것이다. 잿물은 탄산칼륨인데 가수분해되어 알칼리성으로 된다. 잿물을 받아서 빨래했고, 그다음 양잿물이 나왔지만 60년대 초까지는 비누 없이 빨래했다고 한다.

쌀을 정미할 때 나오는 아주 부드러운 겨(속겨)를 시루에다 넣고 양잿물을 녹여서 부어주면 비누가 된다. 아주 까만 검은색이다. 이런 비누를 사용했다. 그 후 장에서 파는 비누나 엿장수가 마을에 들어올 때 가져오는 비누도 검은색이었다. 지금의 비누처럼 단단하지도 않고 약간 말랑거리며 품질도 좋지 않은 비누였다. 빨래 몇 개 세탁하면 한 개가 금새 없어졌다. 고형분이 적은 비누였기 때문이다.

그러다가 새마을운동이 일어날 즈음에 하얀 비누가 나왔다. 고형분이 많아 조금 단단하고 쓰기가 전보다 편리하고 오래 썼다. 그즈음에 하이타이, 일종에 가루비누라고 하는 것이 나왔다. 이것은 빨래를 담가놓을 때, 이 가루를 물과 함께 부어 넣는다. 세탁하기가 쉬워지고 거품이 많이 나, 보기에는 아주 좋은 세탁제라고들 했다. 아이들 비눗방울 놀이도 하이타이를 물에 풀어서 했다. 정말 지금도 비눗방울놀이 전용 액이 따로 나오지만, 당시 하이타이로 만든 비눗방울 액은 그 이전 것과 비교가 안 될 정도로 품질이 좋은 것이었다. 물에 잘 녹는 비누였다. 그래서 주부들에게 인기가 많았다.

지금은 세제가 울 세탁용, 목화 세탁용, 나일론 세탁용 등 옷감의 종류로 나뉘어 있을 뿐만 아니라 두꺼운 옷감용 등 수많은 종류로 다양하게 나와 있고, 세탁기까지 사용하게 되니 정말 주부들이 많이 편리해졌다. 얼마 안 되는 세월 동안 정말 세상이 많이 바뀌었다. 천지가 개벽할 정도이다.

오늘날엔 세제를 너무 과다하게 사용하여 환경 문제가 심각해졌다. 예를 하나 들자면, 내가 꼬마 시절엔 시골에 사람이 지금의 몇 배는 더 많이 살았다. 그래도 냇물이 깨끗하여 그 물을 그대로 먹을 수가 있었다. 하지만 지금은 인구가 10분의 1 정도 되는데도 그 물이 오염되어 은빛 물고기 은어 떼도 볼 수가 없다.

시골의 전화와 통신

우리나라에서 전화를 처음 사용한 것은 19세기 말 궁중에서부터였다고 한다. 여기서 통신, 전화기의 역사를 말하고자 하는 것은 아니고, 60년대 우리나라 농촌의 통신 이야기를 하고자 한다. 60년대까지는 우리나라의 모든 문물이 그 이전과 대동소이했다고 볼 수밖에 없다.

60년대에는 우리나라 농촌에 통신은커녕 전기도 안 들어왔다. 냉전 시대에 반공교육이 철저해서 간첩이 자주 출몰해 신고하려 해도, 걸어서 가거나 자전거를 타고 10리를 가서 지서에 신고해야만 했다. 통신이 되질 않아 대부분 10리 이상 걸어서 만나러 왔는데, 그 집에 도착해 보면 사람들이 일 나가서 없다고 하여 허탕친 일이 비일비재했다. 정말 전화가 있어야 통신이 되었는데, 전화가 없으니 저녁때 그 사람이 집에 돌아와 봐야 알 수 있었다. 가는 날이 장날이다. 하지만, 지금은 아무 때나 통신할 수 있고 얼굴을 봐 가면서까지 통신을 할 수 있다. 외국에 있어도 무료 앱(카톡 등)으로 온종일 통화할 수 있다.

70년대 말쯤에 동네 이장 집에 정부에서 전화기를 놓아주었다. 마을에서 유일한 전화기로 자석식 전화기였다. 수화기를 들고 손잡이를 돌려야 전기 보급이 되는 수동식 전화기이다. 그런데, 돌리는 부분이나 전화기가 고장 나면 손잡이 상자를 떼어내어 물고기 잡는 용도로 사용했다. 배터리가 없어도 가벼운 전기 물고기 잡이로 쓸 수 있었다. 한 사람이 전화기 돌리듯이 빠르게 돌리면 전기가 생성되고, 한 사람이 장대 끝에 매단 철사 전기선으로 플러스마이너스를 통하게 하면 물고기가 힘을 못 써 잡을 수 있었다. 여름철에는 전기가 약했지만, 늦가을 물이 차가워지면 더 잘 되었다.

자석식 전화기와 공중식 전화기를 같이 사용했는데, 자석식보다 한 단계 발전한 게 공중식이다. 자석식은 수화기를 들고 손잡이를 돌려야 되고, 공중 식은 수화기만 들면 바로 교환원이 나온다. 당시 두 전화기는 교환원이 있어야 하는 전화였다. 교환대 가면 단위나 읍 단위 우체국 별관에 있었다. 한꺼번에 전화가 몰리면 전화가 늦어질 경우도 있었다. 교환원 수는 정해져 있었고 오가는 전화를 다 연결해 줘야 하므로 교환원이 여러 명이 있었지만, 갑자기 어떤 교환원이 아프기라도 하면 통화가 끊겼다. 그래서 가장 주요한 부서가 교환대였다.

있어야 할 곳에 갑자기 교환원이 없으면 전체가 마비되어 큰일이 터졌다. 예를 하나 든다. 경남 의령에서 경찰이 이 마을 저 마을 돌아다니면서 사람들을 총으로 수십 명 사살한 사건이 있었다. 이 사건은 마을에서 마을로 이어지며 몇 시간 동안이나 계속되었다. 우범곤 사건은 저녁 내내 여기저기를 돌아다니며 반자동 소총으로 한 발 한 발 쏘아 사상자 수가 기네스북에 올랐다. 우 순경이 제일 먼저 전화 교환소 여자 교환원을 다 사살하여 통신이 완전 마비되었고 신고할 수가 없었다. 많은 사상자를 내고 나서야 산을 넘어가 지서(파출소)에 신고하게 되었다.

전화 교환원은 다이얼 전화가 나온 후 한창 지날 때까지도 있었다. 큰 건물이나 은행 등에는 교환원이 90년대까지도 있었다. 국제 전화도 마찬가지로 교환원이 있었다. 그 당시의 에피소드로는, 전화 교환원이 몰래 엿듣고 소위 말하는 바람피운 것을 알게 됐다는 등 그런 소문이 많았다.

그 뒤에 다이얼 전화가 나왔다. 이 전화는 직접 전화할 수 있었다. 전화번호를 돌리면 전화가 직접 건다. 처음에 나온 백색전화는 돈을 주고 전화번호를 사는 전화였다. 좋은 번호는 꽤 비쌌다. 70년대 후반 80년대 초에도 전화를 신청하면 2년이나 걸려서야 전화를 가설할 수 있었다. 이때는 아직도 전화가 가정마다 없을 때이다. 80년대 중반에 전자식 시스템이 들어와 전화를 신청하면 일주일 안에 놓아주었다. 학생들 자취방에도 전화를 놓을 때이다. 이때를 전후로 시골에도 자동 다이얼 전화가 급격하게 보급되었다. 80년대 말은 거의 100%의 집에 전화가 있었다.

그래서 도회지의 아들이 안부 전화를 한 달에 한 번씩 했다. 그렇지만 시외 전화 요금이 너무 비쌌다. 그때는 시외 전화 요금이 지금의 국제 전화 요금보다 훨씬 비쌌다. 물가나 임금을 고려했을 때 얼마나 비쌌냐 하면, 당시 물가로 환산하여 한 통화 하는 데 지금 몇천 원 정도는 한 것 같다.

전화가 많이 보급되기 이전엔 서울 세 사는 사람들은 주인집에 전화번호를 알려줘 무슨 일이 있으면 주인집으로 전화하여 바꿔주거나 전해주곤 했다. 지금의 휴대전화와는 달라서 전화기 옆에 사람이 있어야 했다. 외출하면 통신이 안 된다. 그러던 차에 삐삐가 등장했다. 회사에서 영업사원을 찾으려면 회사에서 삐삐 호출을 했다. 그러면 영업사원이 회사로 전화를 해, 누가 찾는다고 하면 전화번호를 받거나 알고 있는 사람이면 그 자리에서 전화나 공중전화를 사용해 연락했다. 그런 삐삐라도 있으면 그런대로 연락되었다.

다음으로 나온 삐삐는 전화번호를 보낼 수 있는 삐삐였다. 정말 편리했다. 2세대 삐삐다. 내가 어디 있다고 전화번호를 찍어 주면 즉시 전화가 온다. 그다음 삐삐는 문자도 보내고 음성 메시지도 보낼 수 있게 되었다. 처음에는 영업사원만 호출기를 가지고 다녔는데, 나중에는 중고생까지도 가지고 다녔다. 그래서 삐삐 디자인의 색깔이 패션이 되었다.

삐삐와 같은 시대에 카폰과 휴대전화가 나왔는데, 통화가 잘 되지 않아 삐삐와 휴대전화를 동시에 휴대하고 다녔다. 당시의 휴대전화는 아무나 사용할 수 없었다. 전파 관리 허가도 받아야 했고, 뚝섬 부근의 성수동에서 직접 등록해도 개통에 하루가 더 걸리는 휴대전화였다. 그리고 핸드폰값도 비쌌고 통화료도 비싸 일반 서민은 쓰지 못했다. 이거 들고 다니면 지금의 고급 외제 차 타고 다니는 것보다 더 위로 보였다. 가격이 비싼 것은 외국 제품이다. 거의 모토로라 제품이었고 한국 휴대전화는 없었다. 90년대 후반 PCS 휴대전화기, 시티폰 등 저렴한 핸드폰이 나왔다. 씨티 핸드폰은 전화비가 거의 들지 않는다. 단, 공중전화 부스 안테나 있는 데서 사용할 수 있다.

PCS 핸드폰은 016, 017, 018, 019 등의 번호가 붙은 핸드폰이다. 011은 80년대부터 있던 핸드폰이었고, 처음에는 011이 통신이 잘 되었다. 지금도 그렇게 생각하는 사람이 있지만, 그것은 통신을 잘 모르고 하는 소리였다. 처음에는 011은 기지국이 많았다. 그리고 주파수가 800㎒다. 전파는 곡선으로 가는 전파이다. 산이 많아 우리나라는 정말 좋다. 011은 그것을 쓰고 있었다. 나머지 핸드폰 회사는 1기가가 넘었다. 단순 통신은 800메가 정도가 좋으나 통신 2세대, 3세대, 4.5세대가 나오면서 문자, 인터넷 기능, 유튜브 등 통신 기기를 넘어 컴퓨터를 들고 다녔다. 1세대는 단순한 전화 통화로 음성만 전달하는 것이었고, 2세대는 음성 플러스 문자여서 이것도 편리했다.

전화는 일하거나 받을 수 없는 환경에서는 연락할 수 없지만, 문자 전송 덕분에 통신할 수 있었다. 예를 들어 급하게 통장 번호를 적어야 하는데 통화를 하면 볼펜으로 일일이 적기도 불편하고 설상가상 볼펜이 없을 때나 종이도 없을 때면 난감하다. 이럴 때 문자 서비스 덕분에 언제든지 볼 수 있고 음악회나 무음 상태에서도 문자는 볼 수 있어서 급한 상황이면 문자를 보내거나 나와서 전화를 할 수 있으니 획기적으로 발전한 것이었다.

3세대의 통신은 문자, 인터넷 검색, 사진까지 보낸다. 이때부터가 진정한 디지털 세대라고 나는 생각한다. 와이파이를 쓰고 즉석에서 사진을 찍어서 보내고, 예를 들어 우리 방글라데시 공장에 기계나 어떤 재료가 부족할 때 미리 설명하고 그래서 팩스로 보내주기 전에는 크기 등 이해가 잘 가지 않는 게 많았다. 기계나 그것에 관한 지식을 알고 있는 사람이면 이해가 가는데, 모르면 그리거나 전화로 설명해 주어도 이해가 안 가는 게 있었다. 이때 사진을 찍어서 보내면, 파는 가게에서도 바로 알고 조치해 줄 수 있다. 앱이 나와 앱으로 일을 보는 세대는 와이파이로 전 세계에 무료로 통화하거나 영상 통화도 가능하다. 인터넷 전화도 보급되고 있다.

  4세대, 은행 송금 결재 신분증 내비게이션 생활에 없어서는 안 될 기기가 되었다. 5세대의 통신은 통신 기능이 조금 더 빨라졌다고 하지만, 피부에 와 닿지 않아 뭐라고 설명하기가 그렇다.

병 떼기: 추악(학질), 설치, 눈병

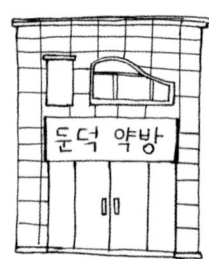

우리나라에서 학질이라고 하는 병은 일종의 말라리아이다. 여름철에 한기를 느끼게 된다. 어린 시절에 학질을 경험해 본 사람도 있겠지만 경험하지 못한 사람이 대부분일 것이다.

우리나라에 의학이 제대로 보급된 것은 얼마 되지 않는다. 내가 어린 시절에도 병을 낫게 하려는 굿이 성행했고, 동구 밖 길에다 짚을 깔고 그 위에 쌀밥을 놓는 그런 장면을 많이 목격했다. 눈병이 나면 눈썹을 한 개 뽑아 길옆에 짚을 깔고 눈썹을 놓아두면 누가 발로 차게 되어 그 사람에게 눈병이 옮아간다고도 했다.

다음은 언젠가 80이 넘은 누나에게서 들은 이야긴데, 나는 녹취까지 해서 들어본 적이 있다. 시골에서 학질에 걸리면 사람들은 '추악 걸렸다'라고 했다. 학질에 걸리면, 일단 몸에 한기가 들고 여름에도 춥다. 하루는 한기가 들고 추우며 으슬으슬하고, 하루는 괜찮고, 하루는 아프고 하루는 안 아프고 하니까 충청도에서는 '하루거리'라고도 했다.

추악이 걸리면, 추악을 놀라게 하면 나간다고 하여 이상한 치료법을 썼다. 밤에 환자가 자고 있을 때 광목을 찬물에 담갔다가 젖은 광목을 자는 애에게 힘껏 내리친다. 그러면 놀라서 벌떡 일어난다. 그러면 추악이 나간다고 했다. 말도 안 되는 짓을 그때는 왜 그렇게 했는지 알 수 없지만, 애가 놀라서 정신병에 걸릴 수도 있었으니 참으로 미개한 치료법이라고 할 수 있겠다.

간증병 치료 방법은 몸에 한기가 오니까 큰가마솥에 물을 넣고 장작개비를 놓은 다음 장작개비위에 덕가리(막 태어난 병아리집)를 놓고 그 위에 올라가 앉아있으면, 밑에서 불을 때는 것이다. 그러면 한증막에 들어간 것 같다. 민간요법이지만 이해가 간다. 감기 걸리거나 아주 추울 때 목욕탕 가서 한증막에 들어가 있으면 몸이 점점 따뜻해지고 좋아지는 느낌이 오는 원리다. 참빗으로 머리를 빗으면 하얗게 머리에 솜털 같은 게 나오면 그게 세균이라고 했다. 말도 안 되는 이야기다. 현미경도 없이 세균을 볼 수 있는 건 아니니까. 시간이 지나면 자연 치유가 되었다.

세 번째 방법은, 병에 걸린 사람에게 무쇠 솥뚜껑을 머리에 이고 온 동네를 돌아다니도록 하고, 그걸 본 사람들은 솥뚜껑을 부지깽이(불집게)로 꽹과리 두드리듯 두드리며 '추악 나가라, 추악 나가라' 하면 병이 떨어진다는 것이다. 정말 이 방식은 100년 전 아프리카 원주민들이나 했을까 말까 한 무식한 방법이었다.

네 번째 방법은, 추악 걸린 사람이 도둑놈 노릇을 하는 것으로, 누가 우리 집에서 뭐가 없어졌다 하면 추악 걸린 사람이 '내가 가져갔다'라고 하며 모든 것을 자기가 가져갔다고 하여 도둑놈이 되는 것이다. 그러다가 정말로 도둑으로 오해받은 예도 있었다. 도둑놈이라고 하면 약이 올라서 추악이 떨어진다는 것이다.

다섯 번째는 묘에 가서 재주를 넘는 것으로, 동네 동산 묘가 있는 곳에 가서 기계체조 하듯이 재주를 넘으면 추악이 떨어진다는 것이다. 정말 말도 안 되는 이야기지만, 그러면 조상님이 하늘에서 보고 본인이 잠든 곳에서 뒹굴고 떠들고 하니 '제발 조용히 있으라며 낫게 해 준다.'라는 아이디어에서 이 방법이 나온 것 같다.

여섯 번째는 여름에 물이 많을 때 추악 걸린 사람을 갑자기 물에 빠뜨리는 방법이다. 그래서 놀라면 추악이 떨어진다는 것이다. 아무것도 모르는 애를 추악을 치료한다며 갑자기 물에 빠뜨려 놓으면 얼마나 놀라워하고 위험한 일일까 하고 생각하면 이 방법도 아찔한 방법의 하나다. (둘째 누나 경험담)

일곱 번째는 소하고 입 맞추는 방법이다. 추악 걸린 애를 어른들이 붙잡고 서서 침을 흘리는 소하고 키스를 하게 한다. 모 양반은 그렇게 소하고 몇 번을 입을 맞췄다고도 했다. 더러워도 할 수 없이 했다. 소는 하얀 침을 질질 흘리는데, 얼마나 하기 싫었을까. 그러면 소는 아이의 온 얼굴을 핥아준다. 정말 조선 시대도 아니고 문명화된 세상에서 왜 그랬을까, 오 그렇게 무지했을까 하고 곰곰 생각하게 한다.

여덟 번째는 모 양반에게 머리 뒤 목덜미에 침을 맞고 난 후 여우 고기를 먹는 것이다. 불에 그슬려 주는 고기인데, 고기가 너무나 노린내가 나 먹을 수가 없다. 지금도 그렇지만 당시 야생 동물은 노린내가 많이 났다. 정말 역겹다.

시골에서는 제비가 처마 밑이나 마루 위에 집을 짓는다. 제비 새끼를 까고 부화를 시키면 제비 똥이 떨어진다. 안 떨어질 수가 없다. 제비 똥이 떨어지면 아이들이 제비들을 못살게 굴기도 하는데, 그러면 어른들이 "야, 이놈들아. 추악 걸린다."라고 했다.

대상포진은 시골에서 '솔치'라고 불렀다. 일단 발병하면 삼베 풀 먹이는 커다란 솔 재료를 태워 재로 만들어 기름하고 섞어서 대상포진 자리에 발라주면 낫는다고 했다. 시간이 오래 걸려서 그렇지 낫기는 낫는다. 그 재료는 아주 단단한 나무뿌리여서 지금 30대들 보고 판단하라면 플라스틱이라고 할 것이다. 대상포진이

바이러스로 인한 것임을 몰랐던 것 같다.

　우리 동네에 병원은 없었고 오수에도 병원이 없었을 그 당시에는 의학에 관해 아는 사람이 별로 없어 무면허인, 정말 말도 안 되는 사람들이 한방약을 가지고 다니던 것이 전부였고, 좀 식견 있는 사람이 마이신 주사 정도 가지고 다니며 주사를 놓았다. 80년대 초까지 무면허 의사가 있었다. 60년대 새터(신기리) 우리 집안 사람 중에 서울대 의과대학교를 졸업하고 일반외과 전문의 자격증을 가진 분이 처음에 자기 집에서 병원을 하다가 나중에 오수에 3층 건물을 지어 의원을 열어 이 고장 임실군 오수에 생긴 최초의 병원이다. 이의원이었는데, 당시는 순창, 임실, 장수, 남원 일부까지 이의원을 찾았다.

　거시랭이(회충)는 배가 아프지는 않고 속이 이상하면서 입으로 침은 아니고 신물 같은 것이 나온다. 정말 비위가 많이 상한다. 이상한 물 같은 것이 입으로 나오면, 입을 벌리고 있으면 뚝뚝 떨어진다. 어른들은 그게 회충이 오줌을 싸면 그런다고 하시며, 백번을 물에 녹이면 떨떠름한데 그물이 그 맛이었다. 나도 그런 경험을 두 번이나 했다. 이 치료는 짚으로 할 수 있다. 짚 몇 가닥을 목걸이를 만들어 목에 걸어 주면 조금 있다가 그 증상이 없어졌다. 내 친구도 그런 경험이 있었고, 나보다 3살 아래인 조카도 그걸 기억하고 있었다. 이게 무슨 병인지도 몰랐으나 짚을 목에 감으면 정말 이상하게 나았다. 지금 우리 또래의 의사에게 물어보니, 말도 안 되는 소리라고 한다. 나이 많이 드신 시골 출신 의사에게 물어봐야 하겠는데 물어볼 수가 없다.

눈병이 걸리면 오색 헝겊을 테이프처럼 잘라서 눈병이 난 눈을 닦고 그것을 재래종 복숭아나무에 걸어 놓았다. 그러면 지나가던 사람이 그것을 보고 눈병을 가져간다고 믿었다. 오색 헝겊으로 앓고 있는 눈을 닦은 뒤 사람들이 지나다니는 길 나무에 걸어두면 마찬가지로 지나가는 사람이 그것을 보고 눈병을 가져간다고도 믿었다.

이질에 걸리면, 달걀을 삶아서 까서 소금 대신 부뚜막 위에 있는 그을음에 찍어 먹으면 낫는다고 했다. 겨울에 이질병이 나면 부추 뿌리를 찧어서 즙으로 먹는다. 이것은 누나에게 들은 정보였는데, 정말 20세기에 그런 일도 있을 수 있나 생각했다. 누나가 거짓말을 할 리는 없고, 정말 무지몽매한 처방이었다고 생각한다.

두드러기엔 초가집 집시랑(지붕 끝의 가장자리) 끝을 뜯어서 따뜻하게 해서 등을 쓸어주면 낫는다고 했다. 눈이 아프면 벽에 못 박힌 것을 아무거나 하나 빼면 낫는다고 했다. 큰 나무를 톱으로 베고 나면 종종 아플 때가 있었다. 나무를 벤 후 몸이 시름시름 아프면 왕겨를 벤 그루터기에 놓고 부적과 함께 불로 태우면 낫는다고 했다. 아프면 웬만하면 부적을 썼다. 부적은 서당에서 사서 삼경을 배운 형님이 써 주었는데, 지금은 90이 넘으셨다.

그 밖에 이름 모를 병이 나면, 쌀을 보자기에 싸서 바가지에 담게 했다. 바가지가 평평하지 않아 뒤뚱뒤뚱 흔들리면 쌀이 한쪽으로 쏠려 바가지 안으로 쏟아졌다. 그러면 쌀이 바가지에서 쏟아져서 병이 나았다고 했다. 당연히 쌀이 쏟아지게 되어 있었는데, 말도 안 되는 이야기지만 어쨌든 병이 나았다고 했다.

체 내리는 처방은 80년대 초까지도 있었다. 서민들이 사는 동네에 가면 '체 내립니다' 하고 대문에 붙여 놓은 것을 볼 수 있었다. 내가 성남시 희망대 밑 언덕에 산 적이 있는데, 주인집이 체를 내리는 집이었다. 체 내리러 오는 사람은 몇 개월 전에 돼지고기를 먹었는데 체했다고도 하고, 1년 전에 체했다고도 하고 보통 체한 지 1년 내외의 사람들이 많았다. 당시 40살 정도 되는 사람이 낮에 와서 체를 내리는 것을 보았는데, 아주머니가 손을 씻고 손을 그 사람 입 속에 넣어 토하게 했다. 그 사람은 '꾸웩, 꾸웩!' 몇 번 하더니 세숫대야에 장조림 같은 고기를 희미하게 조금 뱉어 놓았다. 이것이 내가 유일하게 목격한 체 내리는 광경이었다. 지금도 기억이 생생하다.

한번은 누나가 아파서 시댁에 가 있을 때 내 조카 현우가 제 사촌들과 고모 집에 놀러 가 그 당시 마미 과자가 있었는데, 어린애들이 마미 과자 부스러기와 마미 종이와 신문을 먹고 체해서 배가 아파 전주 병원에 데리고 가 진료한 일이 있었다. 당시 링거를 주사로 놓지 않고 숟가락으로 링거 수액을 입으로 먹여야 한다고 해서 입에 떠넣어 주던 일이 생각난다. 그래도 아프다고 해서 순창에 있는 체 내리는 집에 데리고 가 체를 내렸다. 현우는 체 내리는 집에서 신문지와 과자 '마미' 부스러기와 상표 종이를 꺼내어 괜찮아졌다.

그 후로 며칠간 못 먹어서 그런지 항상 배가 고프다고 햇홍합으로 죽을 끓여서 주었다. 그 뒤 다시 한번 더 순창에 가서 죽 하고 홍합 먹은 것을 꺼내고 난 뒤에야 체 내리는 집에 가지 않았다. 지금 오십 대가 된 내 조카 72년생 현우가 겪은 이야기다.

당시는 의학 상식이 없어서 체하면 그렇게 하나 보다 생각했는데, 지금의 의학 상식으로 보면 말도 안 되는 소리다. 당시에는 그런 집이 시골뿐만 아니라 서울에도 많이 있었다. 이랬던 것이 먼 이야기만은 아니다. 마지막 체 내리는 집으로 치자면 불과 30년 이쪽저쪽이다.

어른이 먹었던 추악 약으로는 긴거라(키니네) 약을 기억하는데, 노란색 양약으로 매우 쓴 약이라 어린애들은 안 먹고 내버렸다. 외숙모가 많이 앓고 있을 때 이 약을 먹으려다 너무 써 대밭에 내버렸다는 말도 들었다.

화투치기 그리고 닭서리와 수박서리

 우리 동네에서는 39년생 이상의 형들이 닭서리를 시작한 것 같다. 20년대생 이상의 어른들에게는 그런 걸 들어본 적이 없다. 30년대, 40년대생 형들은 전국구여서 우리 마을에서 서리한 게 아니고 한밤중에 재를 넘어 삼계면까지 가서 닭서리를 했다.

 당시 1950년대, 60년대 초에는 시골에서 농한기에 화투 치는 것이 거의 일상이었고, 화투는 대개 민화투를 쳤는데 지금의 고스톱처럼 머리를 많이 쓰는 놀이는 아니었다.
 고스톱은 여러 가지 조건이 있어 까다롭지만, 숫자가 같은 짝을 많이 모으면 점수가 된다. 민화투는 껍데기는 필요 없다. 점수가 있는 알짝만 많이 가져오면 된다. 특히 광이 중요하다. 광이 1

장당 20점이다. 점수가 많은 광이나 10점짜리가 많아야 한다. 5점 자리로 띠가 있는데, 주로 청단, 홍단, 구사 등이 있다. 네 명 짝이 맞으면 화투를 한다. 그런데 같은 짝 4장 맞추기가 어렵다. 비약, 풍약, 초 약 등이 있고 5광이 있는데 정말 힘들다. 거의 할 수가 없다. 그리고 6백이란 게 있는데, 그건 민화투와 고스톱의 중간 정도 되는 화투치기이다. 기억이 가물가물한데, 몇몇 4장을 전부 맞추면 광 50점짜리하고 똑같아지는 게임이었다.

    도리짓고땡, 섰다 등은 정말 놀음이었고 도박이었다. 이런 놀이가 여기저기에서 벌어져 '손대 맞기' 등의 벌칙을 준다. '과자 사 먹기'도 했는데, 화투를 쳐서 지는 팀이 겨울 한밤중에 그렇게 추운데 지금처럼 패딩이 있는 것도 아니고 산을 넘어 물을 건너 다른 동네로 닭을 잡으러 갔다. 노적봉 밑 도루메에 몇 가구 있는 자연 부락에 가서도 닭서리를 해왔다니 정말 대단하다. 요즘 아이들에게 그런 말을 하면 그건 '전설의 고향'이라고 한다.
    이긴 팀은 잡아 온 닭을 맛있게 요리한다. 한밤중에 닭을 잡고 아궁이에 불을 때서 삶아 먹는다. 재미로 했을 수도 있지만, 당시 고기를 못 먹던 그런 시절에 닭은 훌륭한 단백질의 보충 식사였다. 남의 마을까지 재를 넘고 물을 건너서 닭을 잡아가니 누가 했는지 알 수도 없었고, 닭이 없어지면 그러려니 했던 시절이었다. 시골의 인구가 지금보다 10배 이상은 많았을 때이다. 마을 구분도 행정 부락, 자연 부락 이렇게 각각 부를 때였다.

정말 60년대까지 시골에서는, 농한기에 짚으로 쌀 담는 가마니 틀을 방 윗목에 놓고 쉬엄쉬엄 가마니를 짰다. 가마니를 짤 때는 반드시 베를 짤 때 북실을 옮기는 것처럼 긴 대나무 바늘에 짚을 끼어 북실처럼 밀어 넣었다. 그래서 반드시 두 사람이 있어야 했다. 그것도 하다가 지겨워지면 새끼를 꼰다. 이 두 가지 일이 농한기에 남자들이 하는 유일한 일거리였다. 여자들은 삼베나 명베를 짰다. 그 외에는 정말 아무것도, 이런저런 놀이나 겨울 부업이 없을 때였다. 마을 거의 전부가 초가지붕을 하던 때였다. 그중에서 여유가 있는 집은 떡도 해 먹지만, 없는 집은 하루 한 끼는 고구마로 끼니를 때울 때였다. 정말 지금의 안목으로 보면 불쌍한 시대였다.

그 당시 화투 치는 것도 있지만, 화투로 점을 보거나 도리짓고 땡처럼 10이나 20을 맞추거나 9나 19로 화투 3개의 짝을 맞추는데 이를 표를 띤다고 했다. 그래서 점이라고 말할 수는 없지만, 숫자가 잘 떨어지면 오늘 좋은 소식이 있다 했고, 잘 안 떨어지면 오늘은 안 좋다고 했다. 온종일 할 게 없어서 노인들이나 할 일이 없는 사람은 표만 띠는 사람들도 있었다. 표가 4장이 떨어지는 것으로, 예를 들어 학이 그려진 1월 삥 광이 나오면 오늘 좋은 소식이 올 것이라 했고, 새가 그려진 2월 매조가 나오면 임이 오신다는 것이라 했으며, 11월 오동 광이 나오면 똥광이라고 했다. 그러면, 오늘 돈이 들어올 수였다, 즉 빌려준 적은 돈이라도 누가 갚는다는 수였다. 12월 비관이 나오면, 우산을 쓴 사람이 그려져 있으니 귀한 손님이 온다는 그런 식이었다. 지금 생각해 보면 한심한 면이 있지만, 그 시절엔 그게 일반 서민들에게는 유일한 낙이었다.

50년대생들은 닭서리와 수박, 참외 서리를 많이 했다. 50년대 중반생들은 6·25가 끝나고 낳은 세대여서 아이들의 수가 많았다. 서리를 해 오면, 내가 꼬마 시절이어서 얻어먹기도 하던 시절이었다. 주로 닭서리를 해 오는데, 멀리 가야 옆 동네이고 아니면 자기 동네 것을 해 온다. 점심때쯤이면 우리 닭이 없어졌다고 우물가에서 이야기들을 했다. 누가 잡아갔냐 하기도 하고, 어른들 말하기를 한밤중에 잠도 안 자고 닭을 훔치는 정말 흉악한 놈들이 했다.

다음은 60년대생들이다. 이 세대는 중학교에 다니면서 풋사랑도 하는 세대였다. 그 이전 세대는 연애했다는 이야기만 나와도 소문이 나면 혼인하는 데 지장이 있던 세대였고, 여자가 연애했다 하면 쉬쉬할 때였다. 이때는 라디오에서, 텔레비전에서, 면 소재지는 극장에서 통속 연속극이나 통속 영화가 나올 때였고, 그리고 중학교에서 세계 명작 연애 소설이나 시 등에서 이성에 대한 호기심을 자극하는 다양한 내용을 접하는 시기였다. 사춘기 소년, 소녀가 3년을 또는 6년 학교에 같이 다니니 연애를 안 하면 오히려 이상한 것 아닌가. 어떻게 사람의 감정을 남녀칠세부동석이라는 유교의 가르침으로 억누를 수 있을까. 오수에 가면서나 오면서 과수원에서 배서리도 했었다. 그리고 수박, 참외밭에서 서리도 많이 했다.

 60년대생이 닭서리 한 이야기는 80년대에 한 번인가 들었다. 닭서리라고 해도 옆 동네 것도 아니고, 자기 집 것이거나 자기 동네 것을 서리해 왔다. 80년대 초에 나도 몸이 아파 집에서 1년 이상 쉬고 있을 때였는데, 우리 집의 닭을 누가 서리해 갔다. 몇 달 후에 동네 후배들이 했다는 소리를 들었는데, 그러려니 했다. 그 당시 아버지만 속이 많이 상하셨다. 아버지 시대에는 그런 일이 없었기에 이해를 못 하시는 것 같았다.

 여름철에 수박, 참외 몇 포기는 집안 식구들 먹으려고 자기 밭에다 심기도 했다. 그걸 몰래 따 먹으려고 한밤중에 간다. 그 집은 대나무가 많은 집이었는데, 새벽 1시쯤이면 여름철에 모기가 극성이어서 집 뒤 대나무밭에 모기 몇 개 사단은 모여 있었다. 한 사람이 들어가서 신호를 하면 다른 사람이 들어간다. 약속이 되어 있었다. 신호라는 게, 하얀 메리야스를 벗어 위로 흔들면 들어가는 것이었다. 그런데, 한여름에 대나무밭에 윗옷 없이 맨몸으로 들어간다고 생각해 보라. 모기 특공대가 정찰을 나오고 바로 모기 사단 공격이 시작된다. 그 모기 몇 개 사단을 물리치고 들어가서 참외 몇 개를 따오면, 그게 그렇게 맛있을 수가 없었다. 지금 아이들에게 이런 이야기를 하면 '전설의 고향'이라고 할 것이다.
 수박은 모래가 약간 섞여 있는 밭에 심어야 열매를 잘 맺는다.

70년대에 수박밭은 주로 시냇가 모래밭 끝자락에 있었다. 모래밭 끝자락의 땅은 땅콩도 잘 되어 땅콩밭이 많다. 집안 아저씨가 수박밭을 했는데, 여름에 수박을 사 먹으러 생보리를 한이 돼 가자고 수박을 사러 수박밭 원두막으로 저녁때쯤 찾아갔다. 당시의 수박은 지금처럼 크지 않았다. 커야 1~3킬로 정도 되었다. 지금처럼 10킬로면 들고 오기도 힘들다. 아저씨에게 생보리를 주고 한 덩이를 사려고 말을 거는 사이에, 또 한 사람이 엎드리고 들어가 한 개를 더 따왔다. 3명이 수박 3개를 따 갖고 오다가 냇물 모래톱에 앉아 한밤중에 먹었다. 지금 생각하니 그다지 맛있게 먹었다는 생각도 안 든다. 지금은 돌아갈 수 없는 순수하면서도 때 묻은 듯 아닌 듯한 60~70년대 아름다운 추억의 한 토막이다.

벌 이야기

벌의 종류에는 여러 가지가 있다. 시골 사투리로 대추벌, 땡기벌, 나나리벌, 호박벌, 꿀벌, 토종벌 벌 등 많다. 이 중 거의 모든 벌에 쏘여 봤던 경험이 있다.

대추벌(장수말벌)에게만 쏘이지 않았다. 언제부터 장수말벌을 시골 사투리로 왜 대추벌이라 불렀는지 알 수 없지만, 53년 전 내가 어렸던 시절의 생각으로는 대추 벌이 대추만 한다고 생각했다. 대추 벌에 한 번 쏘이면 엄청나게 부어오른다. 팔이나 다리 등을 쏘이면 괜찮은데, 머리를 쏘이면 많이 붓고 잠을 제대로 못 잔다. 위험하다. 지금도 뉴스에 벌초하던 사람들이 말벌에 쏘여 병원에서 치료받던 중 사망했다는 뉴스가 종종 나온다. 아버지가 80이 넘으셔서 한번 말벌에 다리를 쏘였는데, 부어서 병원 치료를 오랫동안 하셨다.

벌집은 농약할 때 농약을 벌집 입구에 넣고 물 붓듯이 쏟으면 없어진다. 장수말벌이 염소를 쏘면 염소는 성질이 급해 죽는 확률이 높다. 아무튼, 장수말벌은 천적도 없는 위험한 벌이다.

땡끼벌(땅벌)은 논두렁이나 밭 두룩에 집을 짓고 산다. 땅속에도 집을 짓는다. 어린 시절 땡끼벌에는 자주 쏘였기 때문에 그런가 보다 했다. 한번은 지나가다가 벌집을 건드렸는데 무슨 벌을 건드렸는지 몰랐지만 땡끼벌 집 같았다.

우리 집은 2,000평의 대지 가운데에 서 있어서 벌집이 많았다. 내가 꼬마였을 때이고 형이 초등학교 5학년 때였다. 밭두렁에 벌집이 몇 개 있어 밤에 친구들 몇 명하고 벌집 소탕을 한 기억이 난다. 또한, 벌집을 표시해 놓고 한겨울 날씨가 영하로 떨어질 때 벌집을 괭이로 파버린다. 기온이 영하로 떨어지면 벌은 추워서 움직이지를 못한다. 그렇게 해서 우리 집 근처 기생하는 땡끼벌은 완전히 없어졌다. 사람 별명도 '땡끼'라고 할 때가 있는데, 맹랑한 사람보고 '땡끼'라고 했다. "저 사람 땡끼벌이지" 하면 쉽게 다루기가 힘든 사람이라는 뜻이다.

나나니벌은 작은 나무에 나팔 같은 모양으로 집도 작게 짓는다. 말벌 같은 모양이나 몸집이 작다. 산에 나무하러 가거나 긴 풀이 우거지고 집 울타리 또는 집 주위에 많다. 그 벌에 쏘이면 약간 부풀고 가렵다. 벌에 쏘여도 별것 아니다. 일 년에 열 번 이상 쏘여봤다. 날아다니는 모습이 산나리꽃과 같다. 표준말로 원추리꽃과 같이 흔들흔들 날아다닌다.

땅벌은 더 작은데, 윙 소리를 내면서 돌진하는, 용감하다고 해야 하나 성질이 사납다. 꿀벌은 몸집은 땅벌보다 더 큰데 비실비실한 편이다.

호박벌은 호박처럼 생겼다. 몸집이 두툼하다. 검은색이다. 호박꽃에 주로 산다. 꿀을 어디서 따는지 알 수 없다. 벌집을 한 번도 보지 못했다. 호박꽃 속에 벌이 들어가 꿀을 따고 있을 때 호박꽃을 손으로 움켜잡으면 벌이 꽃 안에 갇히게 된다. 오랫동안 있으면 벌이 힘이 빠지거나 죽는다. 그 당시 왜 벌을 그렇게 잡았는지 지금도 알 수가 없다. 그 시절엔 그런 것이 어린이들의 놀이 문화였다.

꿀벌은 정말 봄의 전령사다. 이른 봄 뒤꼍 작은 밭에 장다리꽃이 피면 정말 소리가 요란하다. 윙윙 소리가 방안에도 들린다. 5월 논두렁에 클로버 일명 토끼풀 위에 앉아있다가 고무신을 벗어 꽃 위로 휘하고 벌을 낚아챈다. 벌이 신발 안에 들어오면 신발을 빙빙 돌린다. 벌이 어질어질해서 힘이 없을 때 침만 빼고 장난감처럼 가지고 논다. 냇가에 둑에 버드나무보다 아카시아가 많았는데, 꽃이 피면 해마다 꿀을 따러 오는 농부가 있었다. 방축리 친구가 꿀 먹자며 나를 꼬드겼다. 꿀 따는 사람들이 자리를 비웠을 때 꿀 깡통에 버드나무 가지를 꺾어 깡통 입구로 넣어 묻어나오는 꿀을 핥아서 먹었는데, '정말 달다. 이게 꿀이구나!' 그렇게 내 생에 처음 꿀맛 보았다.

꿀벌은 정말 순하다. 웬만해선 꿀벌에게 쏘이질 않는다. 장다리 꽃에 벌이 그렇게 많이 앉아있을 때 꽃 옆으로 가서 꽃을 건드려도 쏘지 않는다. 사람이 기르는 것을 곤충인 미물도 아는지 신기하다. 꿀벌은 꿀 따는 데만 관심이 있다.

토종벌은 한국 벌인데 어린 시절 한 번 보았다. 동네 친척 형님 집에서 벌을 키우는데, 네모 통이 아니고 둥그런 통에 벌이 산다. 일 년에 한 번 꿀을 따고 꿀벌과 비슷하게 생겼지만 크기가 조금 더 크다. 이제는 이런 기억들도 가물가물하다.

마을에 들어온 미디어 시설

　1970년도에 마을에 전기가 들어오자, 임실교육청에서는 10만 원짜리 텔레비전을 선물로 주었다. 학교에서 몇 번 주민들에게 저녁에 오라고 하더니 티브이를 보여주었다. 야외 영화 보듯, 학교 숙직실에 설치된 티브이를 사람들은 그 앞에 옹기종기 앉아서 보거나 일부는 숙직실 문을 열어젖히고 여럿이 밖에 서서 볼 수 있었다.
　티브이가 19인치였던가 아무튼 20인치는 안 넘었다. 지금 컴퓨터 모니터가 평균 24인치였으니 브라운관은 20인치 이하였는데, 그것을 10~20m 밖에서 동네 사람들이 떨어져서 보니, 소리하고 그림만 보였고 자세히는 볼 수 없었다. 그러니 텔레비전이라는 것이 얼마나 대단한 존재였는지 알 수 있다.

한번은 알리하고 조프레져인가? 포먼인가가 세계 헤비급 챔피언전을 했다. 교실을 3개를 터서 텔레비전을 가운데에 놓고 창문을 검은 천으로 막고 보는데, 전교생 250명이 컴퓨터 모니터만 한 TV 앞에 모여앉아 선생님들까지 봤다는 사실이 놀랍지 않은가.

티브이를 보려고 저녁에 학교 숙직실에 가서 몇 번 본 적도 있었다. 좋은 선생님을 만나면 〈웃으면 복이 와요〉, 〈맹 사또〉, 〈임진왜란〉 등 그런 프로그램을 볼 수 있었고, 안 좋은 선생님을 만나면 "이 저녁에 공부는 안 하고 왜 학교까지 왔느냐" 퉁(무뚝뚝하고 퉁명스러운 핀잔)도 먹고 그랬다. 그래도 저녁에 멀리 있는 길을 등불도 없이 학교에 가면, 티브이 보는 신기함이 컸다. 그리고 그다음 날 또 학교에 갔다. 지금의 아이들에게는 이 이야기가 전설의 고향처럼 들릴 것이다. 미국 연속극도 있었다. 〈초원의 집〉이다. 낮에는 재방송이 많을 때였다. 일요일 낮에는 그런 종류의 티브이 프로그램이 많았다.

당시 티브이 가격이 쌀로 따지면 30가마가 넘었기에 지금 쌀값으로 치면 600만 원 땅값으로 하면 2,000만 원 정도는 되었을 것이다. 문전옥답 한 마지기를 살 돈이었다. 정말 비쌌다. 우리 동네는 큰형님 또래의 집에서 일제 9인치 티브이를 전기가 들어오자마자 바로 사서, 그 집에 매일 동네 사람들이 몰려들었다. 그 집은 잠도 제대로 못 자고 정말 귀찮았을 것이다. 지금 생각하면 그때 어떻게 그렇게 살았나 싶다. 그때 아이들은 고무신에다 발도 씻지도 않고 다녔기에 연속극 같은 것이 끝나고 집에 돌아갈 때면 다시 청소해야만 되었다.

그 후로 중간 부잣집에서 하나 더 사고, 71년도에는 마을에 티브이가 4대 정도, 70년대 말 정도에는 마을 집마다 다 있었던 것은 아니지만 한 80% 정도는 티브이가 있었다. 80년도 초에야 마을 전 가구에 티브이가 보급되었다. 전기가 들어오고 나서 밤에 티브이 보는 것이 마을 사람들의 가장 즐거운 낙이 되었다. 우리 동네에는 전기가 빨리 들어와 그래도 빠른 편이었고, 라디오는 집마다 있고, 60%는 전기가 들어오기 이전에 트랜지스터라디오 정도는 집에 있었다. 로케트 건전지를 사용했다.

우리 마을이 그렇게 하고 있을 때, 우리 외갓집 동네인 순창군 동계면에 가면 면 소재지에 스피커를 달아주고 있었다. 그러면 전 마을을 선으로 연결하여 집마다 스피커를 한 대씩 달아줬다. 나무 상자에 스피커만 들어있고, 끄고 켜는 기능만 있었다. 방송을 면 소재지 본부에서 틀어줬다. 일종의 스피커 기능이라 채널을 바꿔서 들을 수가 없었다. 그때 〈삭다리 총각〉이란 연속극이 있었다. 장가는 못 가고 날일 만 한다는 주제가 나왔다. 사용료는 여름철 생보리 한 말, 가을에 벼 한 말이었다. 주로 연속극하고 뉴스, 노래 방송만 연결해서 들려주었다.

스피커 선은 작은 나무를 전봇대처럼 만들어 마을까지 연결한 선으로 지금 생각해 보면 허접했다. 지금은 그런 선을 만들지도 않을 것이다. 외갓집이나 큰집에 갈 때 마을 가게(점방)에서 흘러나오던 스피커 소리가 지금도 귀에 쟁쟁하다.

제3부

누구나 본인 세대가 격동기였다

정월 보름날의 놀이

정월대보름 60年代 쥐불놀이

 정월 보름날의 놀이가 언제부터 시작되었는지는 알 수가 없다. 신라나 고려 때부터, 아니면 조선 시대부터 내려왔는지 알 수가 없다. 누가 기록을 해 놓았을 테지만, 내가 부족하여 보지 못한 아쉬움이 있다. 우리 동네에서 보면, 60년대생 이전 사람들은 잘 기억하고 있는데, 80년대에 들어와서는 없어진 놀이 문화들이 많다.
 설날이 가까워지면 마을 아이들은 으레 쥐불놀이와 불 깡통을 돌리는 놀이를 했다. 주로 13세 이하의 아이들이 했고, 중학생만 되어도 잘 안 했다. 망우리 놀이만 고등학생 정도까지의 청소년들이 집마다 돌아다니며 짚 한 다발씩만 기부해 달라고 했다. 당시 시골에는 초가집이 많아 짚은 많으나 쓸 때가 많았다. 지금은 끈이나 밧줄 등 나일론도 나왔지만, 당시는 모든 것을 짚으로 엮어 새끼를 꼬고 날개를 만들어 지붕을 이으며 생활용품으로 사용했다. 멍석도 그런 종류의 하나였다.

 멍석 한 장을 만들려면 시간이 오래 걸렸지만, 짚도 많이 들어갔다. 가마니, 꺼랭이(삼태기) 등을 만들어 썼고, 큰형님 세대에는 짚신도 만들어 신었다고 했다. 그만큼 짚은 농촌에서는 필수품이었다. 그렇지만 짚이 그렇게 흔한 것도 아니어서 마구 쓸 수도 없었다. 농촌에서 그 짚으로 동네 논 가운데 달집을 짓고 불태우는 망우리 놀이를 하였다. 이때 연도 날리고 망우리 불에 해진 연을 태우기도 했다. 지금은 여름에도 연을 날리지만, 정월 보름이 지나면 연을 안 날리는 것이 우리 동네의 풍습이었다.

 정월 대보름이 윤달에 따라 일찍 오기도 하고 늦게 오기도 한다. 방학 때 보름이 올 때도 있다. 보름날 왕산바위 판자 다리를 나이 숫자대로 왔다 갔다 하면 다리가 튼튼해진다고 해서, 8세 때인가 형 따라서 한번 다리를 왕복으로 왔다 갔다 한 기억이 있다.

 시냇물을 기준으로 물 건너 마을인 다른 동네 애들하고 횃싸움, 불싸움도 했다. 이 놀이는 전국 어디에서나 했던 것으로 보인다. 깡통에 불을 담아서 서로 "와!" 하고 쫓아갔다가 그쪽에서 공격해오면 또 "와!" 하고 밀려오고, 이를테면 다른 동네와 전쟁하는 놀이였다. 추측건대, 이런 놀이는 언제부터 시작되었는지는 알 수 없으니 39년생인 형님 시절에도 있었다 한다.

 그러다가 논에 있는 짚 다발을 다 태우기도 하고, 그쪽 마을 논두렁이나 밭두렁을 다 태우기도 했다. 이 깡통 불싸움은 돌싸움과 같이했는데, 상대 동네 애들과 전운이 감돌면 온 동네 애들이 나와 돌팔매에 돌을 재워 돌을 쏘기도 하고, 돌을 던지기도 하며 싸움이 벌어졌다. 돌다리나 판자 다리 상판을 뜯어 내던지기도 했다. 나중에 어른들이 복구해 놓았지만, 어른들은 이런 싸움을 하지 않고 구경만 했다. 학교에서도 이런 놀이는 절대 하지 말라고 했다. 지금은 불 때문에 무서워서 감히 상상도 못 하는 이해가 안 가는 놀이였다.

 우리 마을은 서도역 수촌리 마을하고 돌 전쟁이 나 불 전쟁놀이 했는데, 두 동네 애들은 다니던 초등학교도 달랐고 중학교도 달랐다. 그래서 전쟁놀이하고 난 뒤에도 학교가 다르니까 서로 마주칠 일이 없었다. 어린 시절 우리 동네 아이들은 '숲말' 서도역 근처 마을 아이들하고 감정이 좋지 않았다. '숲말 놈들'이라고 놀렸기 때문이다. 아니, 우리 시대가 아니라, 큰형님 시대, 30년대생들도 어린 시절 했다 한다. 우리야 물을 건너야 하고, 서도역 쪽도 같이 이용하지만 큰 시내 이쪽과 저쪽은 서로 다르고 학교도 달라 마주치는 일이 없이 세월 지나다 보니 흐지부지되었다.

 하여튼 그런 풍습들이 70년대 초중반 들어서서 서서히 없어지기 시작했는데, 나중에는 언제 그런 놀이를 했는가 싶을 정도로 사라지고 말았다. 70년대생은 이런 놀이가 있었는지조차 모를 나이여서 그런 기록도 없이 사라져 버린 시골 문화가 되고 말았다.

충청도에서는 같은 학교에 다니는 마을과 이런 놀이를 했다는데, 방학이 끝나고 만나거나 그다음 날 학교에 가서 "너 어제 왜 그랬어?" 하고 물으면 싱겁게 웃어 버리고, 그것으로 끝난다고 했다.

왕산 바위 나무다리 있는 곳에서 몇십 명이 모여 불 깡통을 돌리다가 "저쪽에서 누가 온다!" 하면 검정 고무신을 신고 뛰다가 신발이 벗겨져 손에 들고 맨발로 언덕 위 교회까지 후퇴해 오던 모습이 눈에 선하다. 숲말 사람들은 냇가를 건너서까지 올 수가 없었다. 근처까지 오면 몰라도, 냇물이 워낙 넘기도 하고 숲말 마을에서 너무 떨어져 있었기 때문이다. 상대 쪽에서 일제히 소리를 지르고 달빛에 뛰어오는 흉내를 내면 "야! 온다." 하고 후퇴를 하는 것으로 일종의 심리전이었다. 서로 사람이 많은 것처럼 위장하기도 했다. 이랬던 열두 살 전후의 내 기억이 생생하다.

옆 마을 새터 신기 아이들은 물 건너 용정리하고 했다. 초등학교는 다르지만, 용정리도 전주 이가 집성촌이고 새터도 전주 이가 집성촌이다. 왜냐고 물어보면 설명할 수가 없다.

주위에서, 다른 남원이나 순창군에 사는 형님들에게 물어보면, 그 동네에서는 주로 나이 먹은 청년들이 했다고 한다. 당시 청년이라고 하면 10대 후반에서 20대 초반을 말한다.

내 유년에 관한 단상

조용히 눈을 감으면 그림처럼 떠오르는
내 고향 임실, 둔덕리 동녘골
장성산을 배경 삼아 그림처럼 펼쳐져 있고
은어 떼 춤을 추는 시냇물이 반짝이면
황금빛 들녘도 함께 춤사위를 지었지

비록, 춥고 가난했어도 훈훈한 정이 있었기에
늘 마음속에 머무는 내 유년의 그리운 고향
그림 같은 기와집과 초가집이
옹기종기 80여 채 모여 있던 둔덕마을

유유히 흐르는 작은 실개천을 사이에 두고

마치 사색이라도 하듯
한 채만 외로이 서 있던 고향 집은
작은 나무들이 친구처럼 울타리가 되어주었고,
무슨 사연이 있는지 비비새는 비비 중요한 비비 중요한..
3월을 노래하며 부지런히 아늑한 둥지를 만들어 냈다

아하, 요놈들 그래서 이리도 정겹게 노래하며
너희만의 보금자리를 만들었구나!
청정한 하늘 물이 스며든 건지,
아니면 싱그러운 풀물이 베인 건지는 모르지만
옥빛의 푸르스름한 알을 조심스레 다섯 개 낳아
초동초긴 새끼 새가 천사처럼 알을 깨고 나오면
아침 햇살 미소 가득 해님과 함께
해 질 녘까지 봄바람 지휘에 맞춰 노래를 불렀다
어쩌다 실개천을 건너노라면 징검다리 다섯 개가
동그마니 나를 바라보았고, 작은 소년의 눈에는
실개천이 강처럼 넓어 보이기만 하였다

뻐꾹새 울 때 구름이 잠시 머물다 가는 초가지붕 위에는
호박 같은 둥근 박과 아기 같은 조롱박이 서로 하늘을 보고,
봄이면 자색을 띤 꽃에 분홍인지 하얀색인지 물이 들어
구름처럼 보인다고 하여, 자운영이라 불리는

자운영 꽃길을 따라 꽃처럼 소녀같이 웃음을 머금으며
누나들은 사진을 찍었지!

가끔 누런 황소가 음매 하는 소리가 머무는 여름,
고향 집 양지 뜰 마당에서 검정 고무신 꺾어
그럴듯한 작은 자동차 만들어 혼자 놀고 있을 때
훅 훅 깊은숨 쉬며
아버지가 한 짐 가득 나무를 해 오시면
이마에 흐르는 땀방울 식혀 주려는지 시원한 산바람이
아버지 손때 묻은 지게를 세워 둔 곳에도
잠시 머물러 있다 갔다

눈을 감으면 떠오르는 유년의 그때 그 시절,
이제는 눈을 감아야 더욱 선명하게 떠오르는 내 고향
연어의 회귀 본능처럼 고향을 그리는 마음 가득해지면
어려운 그 시절이 지금 내 삶의 원뿌리였음을 실감하며
나는 오늘도 감사를 드린다.

2015년 2월 7일
설(구정)을 앞두고 고향을 그려 보다
동촌 이강국

누구나 본인 세대가 격동기라 한다

사람들은 본인 살아온 시대가 격동기였다고 말한다.

내 인생은 말하면 장편소설이 나온다. 60대분에게 물어보면 똑같다. 70대도 역시다 80대도 똑같다 책으로 몇 권이 나온다고 말하곤 한다. 물론 다들 고생한 세대고 나름대로 사연이 있겠지. 40~50년대 초생 여성분들은 시골에서 서울로 올라와 단칸셋방 살면서 아기 둘은 방을 얻는데 표준이었지만, 가끔 거절하는 곳도 있었다. 아기가 하나인 집은 집을 쉽게 얻었다.

아기가 셋이면 종종 이사 갈 집은 맘에 드는데 못 얻은 경우가 많았다. 아기가 울면 운다고 시끄럽다 한다. 그 당시 집 계약이 6개월이었다. 6개월 지나면 다시 계약해야 한다. 집 없는 설움을 가장 많이 겪어 본 세대이다. 그 세대의 전후가 '내 집 내 집' 하는 세대이다. 조그만 집이라도 내 집, 판잣집이라도 내 집이면 편하고 요즘 말로 수십억 원의 전셋집도 내 집이 아니면 뭔가 좀 부족한 것 같은 생각이 드는 세대이다. 정말 그 시대를 겪어 보지 않고 말할 수 없다.

 15평 정도 되는 작은 집에 주인하고 세 사는 집이 함께 살았다. 두 가구인데 화장실은 하나, 수도도 하나였다. 얼마나 힘들었는지 상상해 보라. 좀 더 큰 집은 사랑채에 세를 주지만 대부분 15평 정도 되는 집이었다.

 6개월 후에 집세도 올린다. 전세 계약이 6개월이었다. 누나 형님들 세 사는 집에 놀려고 자주 갔었지만 진정한 부자 집주인은 단 한 사람도 못 보았다. 그 당시 집주인은 슈퍼 갑이었다.

 1910-30년대생은 나라가 없는 일제강점기에서 태어나 일본에 모든 것을 빼앗기고 자유도 없이 굶주리고 헐벗고 학교도 못 갔다. 부모님들은 왕조시대가 문화가 남아 있고 나라는 일본 시대 완전한 일본도 아닌 조선왕조 문화가 남은 어정쩡한 시대를 살아왔다. 일본식 성명 강요도 하고 내선일체를 했다. 얼마나 서글픈 일인가 물론 친일파들은 각가지 부귀영화를 누리고 살았고 지금까지 이어져 잘살고 있지만, 갑자기 해방되었다.

 해방 후에 우리나라 정부가 수립되고 한국 국민이 되어 좋아지나 했는데, 기대와는 너무 다르게 흘렀다. 남북으로 갈라지고 남한 내 친일 청산도 못 한 채 좌우가 나누어지고 서로 죽이고 죽이는 일어났다. 일제강점기에도 안 한 짓을 했다. 정의가 사라지고 오로지 힘 있고 가진 자만이 최고인 세상이 되었다가 그리고 한국 동란 일어났다. 그 시대 많은 사람이 죽고 행방불명되었다 그 세대는 우리는 한국 역사의 격동기를 살아온 세대라고 한다.

60년대생인 내가 볼 적에 가장 고생을 많이 한 세대라고 생각한다. 태어날 때부터 우리나라가 아니었다. 윗세대들이 정치를 못해 나라가 총 한 방 못 쏘아보고 통째로 일본으로 국권이 넘어가게 되었다. 올림픽도 우리나라 이름으로 참가하지 못했다 일본 이름으로 참가했다. 손기정 선수도 훗날 올림픽 기록에 이름은 손기정 선수로 이름은 바꾸어 놓았지만, 금메달의 국적은 일본이다. 한국 것이라도 요청해도 그 당시 한국은 없었기 때문에 바꾸어 줄 수가 없다. 그 당시 태어난 게 죄가 되는 세대가 이 세대다.

40년대부터 50년대 중반생분들에게 물어보면 또 똑같은 이야기를 한다. 자기네 시대가 한국에 가장 격동기였다고. 해방 전후에 태어나신 분들 세상일을 기억할만한 나이가 되는 해에 전쟁이 일어나 엄마 따라 피난길 따라다니고 얼마나 무섭고 배가 고팠겠는가?

50년생은 전쟁의 와중에 태어나 엄마 젖도 제대로 못 먹고 자란 세대다. 전쟁이 끝나고 학교 들어갈 무렵 세계에서 가장 가난한 국가, 최빈국 아프리카보다 못사는 나라, 국민소득이 집게도 안 되는 80달러 미만이었다. 전쟁으로 나라는 초토화되고 전쟁이 아니라도 가난한 나라인데 전쟁까지 일어나고 부모님들은 전쟁통에 돌아가시거나 행방불명되고 전쟁고아도 너무 많아 그 세대는 부모님이 계셔도 어렵고 고아여도 어려운 세대였다.

초등학교 중학교 시절 3·15 부정선거에다 4·19로 다시 5·16으로 정권이 바뀌어 어려운 시기에 정치까지 안정이 안 됐으니 오죽하랴. 우리 시대가 한국 현대사의 격동기였다.

60년대생 이 세대도 똑같이 한국사에 격동기라고 말한다.

61년도 세계 GNP 통계에 방글라데시 보다 못살았던 그 당시에 태어난 세대 사실 윗세대하고 많게는 20년 또는 10년 나지만 그 동안에 나라는 발전이 거의 똑같다. 별로 달라진 게 없다.

5·16 군사정부가 들어섰어도 살기는 마찬가지다. 후반에 와서 가발 수출, 눈썹 수출 등이 있어 시골에도 내려와 하도급 공장도 했지만 어렵긴 마찬가지이다. 대부분 초등학교와 중학교 나와 70년대 섬유공장이 가리봉동 대형 섬유공장으로 취직 방적 공장으로 취직한 세대 일은 많이 하고 월급은 겨우 먹고살 정도 받았고 80년까지 국민소득 1,000불을 목표로 했는데 78년에 달성한 것이다. 77년에 수출 100억 불 했지만 대부분 국민은 못살았다.

80년대는 신군부가 정치에 개입해 마이너스 성장을 했다. 국민학교 시절 통일벼가 나오고 새마을운동으로 시골도 근대화가 되고 쌀밥을 배부르게 먹을 수 있었지만, 절대 빈곤은 지나왔어도 주거 사회 문제 등 학교 진학 상대적 박탈감 정치가 기업 위주로 하여 대부분은 어렵게 살았다.

그래도 사정이 나아 대학에 다니던 일부 세대는 민주화를 위해 군사정부에 대항해 투쟁했다. 학력을 속이고 노동 운동하는 학생은 물론 민주화 시대 많은 젊은이가 민주화를 이루기 위해 죽어가고 감옥에 갔다. 5·18을 격은 세대로서 오로지 민주화를 위해 열악한 노동 현장에서 노동운동과 민주 투사로 우리의 삶은 한국 현대사의 격동기였다.

70년대생은 보리밥은 잘 모르는 세대다. 새마을운동 시작되는 해에 태어난 세대 통일벼로 경작해서 세상을 기억할 나이 때는 모든 사람이 쌀밥을 먹은 세대, 전 국토가 전기가 거의 다 보급되던 시대를 살았던 세대다. 어린 시절 선풍기가 있고 전깃불 밑에서 공부하고 집 냉장고도 종종 있는 세대다.

60년대와 10년 차지만 차이가 엄청 차이가 크게 난다. 바로 윗세대들은 전기도 안 들어온 초가집에서 살았던 10년 차인가 이렇게 난다. 배곯지 않는 세대, 쌀 걱정이 없는 세대, 고등학교는 다 졸업한 세대, 부모가 대학교 보낼 능력이 된 세대지만 대학교는 늘어나지 않고 입학할 학생이 많아 대학입시가 치열한 세대이다.

이 세대가 대학에 들어갔을 때는 국민소득 1만 불이 대였다. 그러나 이 세대도 역시 한국 격동기였다고 이 세대까지는 가난을 약간 아는 세대이다. 80년대 초까지도 국민소득이 얼마 안 되었다.

86아시안게임 개최하고 88서울올림픽 치르고 세계여행 자유화가 일어났다. 누구나 돈만 있으면 해외여행을 다녔다. 정말 동남아 여행 가면 어깨를 펴고 다닐 때다. 10대 시절에 살림이 나아지기 시작했다. 청춘 시절 삐삐와 일부지만 컴퓨터 채팅 연애도 새로운 연애 세대이다. 60년생이 편지로 주고받는 것이 문명의 이기로 빠르게 즉석에서 연락할 수 있고 낭만은 없어도 즐거운 세대다.

여기도 격동기라는 말이 많다. 대학 졸업하고 취직하고 얼마 안 된 사람도 있고 대학을 막 졸업한 세대도 있다. 그때 IMF가 터져 본인들 세대는 직업을 잃어버리고 취직도 못 했다고 한다. 젊은 시절 직업도 제대로 된 직장을 가져보지도 못하고 나이가 들어버렸다. 우리가 정신적으로 가장 불행한 세대고 우리 세대가 한국 현대사의 격동기였다고들 한다.

80년대생은 유치원 시절 즈음 아시안 게임과 올림픽이 이루어졌다. 한국에 모든 지역에 전기가 완전히 보급되었다. 국민소득의 이전 세대보다 몇 배 올랐다.

초등학교 들어갈 무렵 컴퓨터를 배웠고 컴퓨터 붐이 일어나는 세대였다. 인터넷 보급은 안 되었지만, PC로 단순 게임도 하고 컴퓨터를 다루는 세대가 되었다. 타자기에서 컴퓨터로 대체가 되었다. 중학교 무렵에는 먼저 삐삐가 다 보급되고 핸드폰이 서서히 보급되는 시기인데 본인들 사용은 못 했지만, 웬만하면 부모님은 PCS 핸드폰이 있을 때이다.

80년대생부터 대학 진학이 갑자기 많아진다. 돈도 있지만, 대학이 많이 생겼다. 자비 유학생도 나왔다. 개천에서 용이 안 나온 세대이다. 이미 개천이라기엔 괜찮은 형편이다. 경제적으로 나아지고 절대 가난을 모르는 세대이다. 대신 상대적 박탈감이 많은 세대. 부모가 부자이면 본인도 부자인 세대가 이 세대인 것이다. 이래저래 불만이 많다. 미국 비우량 주택담보 대출이 터진 세대기도 하다.

  40이 되어도 결혼을 늦게 하거나 안 하는 사람들이 많다. 개인주의가 심하다. 가난을 전혀 모르는 세대이다. 암튼 이 세대도 한국 격동기에 살았다고 한다. 그래도 여기까지는 유교 영향이 남아있고 어느 정도 정이 있는 세대이다.

  90년대생은 한국 위상이 높아진 세대다. 애가 태어나서부터 대학 갈 걱정을 한다고, 어떻게 하면 일류 대학에 보낼 수 있을까 고민하여 교육을 그렇게 한다. 어린 시절 삐삐를 기억할 수도 있는 세대, 일부는 초등학교 고학년이고 나 중학교 시절 본인 핸드폰이 있고, 모든 이가 인터넷을 즐기고 이메일로 편지를 보내고 편지가 완전히 없어지는 세대.

  20대이었을 때 카드 등 모든 것이 스마트폰으로 보내고 현금을 잘 사용하지 않는 세대 가난이란 것은 역사 속에 있는 것으로 아는 세대 대학을 거의 다 진학했다. 거의 대학을 졸업했지만, 양질의 직장이 없다. 대기업은 채용은 한정되고 중견 양질의 중소기업은 해외로 많이 이전했을 때이다. 아르바이트가 많았던 세대이다.

아르바이트라는 말은 학생 때 용돈 벌려고 일을 하는 용어인데 이 세대는 직업이 되어버렸다. 아르바이트가 직업이다. 고시원 오피스텔 이런 단어가 익숙하다.

아끼지 않고 돈을 벌면 저축보다 거의 자기를 위해 다 써버리는 이 세대도 할 말이 많다. 우리도 한국 격동에 시대를 살았다고 집 가격이 너무 뛰어 결혼할 수가 없다고 한다. 너무 올랐다. 정이 없는 세대이다. 무슨 일이 일어나면 타협하지 않고 법으로 해결하려고 한다. 물론 인터넷을 능숙하게 다루는 세대라서 인터넷으로 검색하고 좀 이상하면 법으로 간다. 자기 손해는 전혀 안 보려고 한다. 일했으면 반드시 대가를 바란다.

완전한 디지털 세대이다. 그리고 부모가 부자이면 자식도 부자로 살 확률이 높다는 것을 아는 세대이고 실제로 그렇다. 윤리도 완전히 바뀌었다. 결혼 전 연애를 안 하면 윗세대는 '참 얌전하구면' 이러는데, 이 세대는 '얼마나 사회성이 없으면 연애 한 번도 못 해보냐'고 오히려 놀림감이 된다. 모든 것이 내가 못 해서 이렇게 사는 게 아니고 남의 탓을 하게 된다.

2000년대생은 태어날 때부터 디지털과 접한다. 90년대생은 초반 삐삐는 알았다. 2천 년 세대는 그것 박물관에 있지 않아 이렇게 말하는 세대이다. 전화기가 단지 통신하는 것에서 통신도 하고 모든 생활할 수 있는 앱으로 집에 있는 컴퓨터보다 더 발달한 것을 손에 들고 다니는 시대가 되었다. 교통시설도 300킬로 가까운 속도를 내는 고속열차 있었고 태어날 때부터 필름 없는 카메라가 나온다. 유튜브라는 개인 방송을 할 수 있도록 하고 궁금한 것이 있으면 유튜브에 물어보면 동영상으로 자세히 설명하면서 알려준다. TV보다 유튜브 더 많이 보고 연예인보다 개인 유튜브 방송하는 사람들을 더 좋아하는 사람이 많다.

 손안에서 먹을 것, 입을 것, 모든 생활 물품을 산다. 돈 있고 스마트 전화한 대만 있으면 모든 세상 안에 있다. 정말 편리한 세대이다. 우리 세대가 1900년도 초에 태어난 어른들께 그 당시 불편해서 어떻게 살았냐고 불어본다. 2000년대 세대가 우리 올림픽을 치렀던 세대보고 불편해서 어떻게 살았냐고 물은 것이나 똑같은 것이다.

투명 풍선

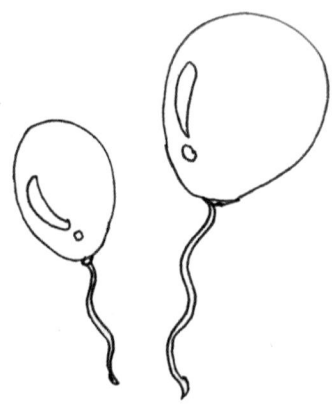

　60년대 풍선은 일종의 장난감이다. 부모님이 장에 가면 사 오거나 주로 마을로 들어오는 엿장수가 엿과 함께 풍선을 가지고 다녔다. 학교 앞 가게도 있었으나 주로 풍선은 엿장수에게 구입했다.
　그 당시는 풍선은 뽑기였다 여러 가지 색상과 다양한 모양 크기도 여러 가지 뽑기를 하면 큰 것을 뽑으려고 하는데, 그게 마음대로 되는 게 아니다. 어쩌다 큰 것을 뽑으면 며칠간 기분이 좋다.
　풍선이 풍년일 때가 있다. 가을 운동회나 체육대회 할 때이다 웬 풍선이 그렇게 많은지. 지금도 그렇지만 그때도 풍선 잔치였다. 지금도 아이들이 풍선을 좋아하지만, 그 시절 컴퓨터 휴대전화 게임도 없을 때 풍선을 누구나가 아이들에겐 가지고 놀기 좋은 놀이 기구였다 더군다나 한 가지 색도 아니고 여러 가지 색은 정말 보기가 좋았다.

어린 시절 학교에서 아이들이 집에서 가져오는 풍선 품목에도 없는 구할 수 없는 풍선이 있었다. 투명 풍선이었다. 완전히 투명 색으로 안이 보이는 그리고 큰 풍선 성인이 되어서 알고 보니 콘돔이었다.

친구들이 학교에 가지고 와 풍선을 불었는데 대부분 아버지가 우리 큰형 또래 30년대 말 생인 30대 초인 젊은 새마을운동 청년 세대들이다. 친구들이 많이면 부모님들은 30대였다. 몇몇 친구들이 학교에 가지고 와 풍선을 만들어 놓았다. 여학생도 많이가 있었는데 여학생들은 학교에 가지고 온 것을 보지 못했다 그 당시 여학생들은 콘돔인지 알고 있었는지 모르겠다. 친구들 중에 많이가 많아 학교에 콘돔을 가져와 놓았다.

훗날 우리 집은 왜 없을까 생각해 보니, 아버지·어머니가 50 넘은 우리 집은 없을 수밖에. 가족계획이 한참일 때 면사무소에서 무료로 나누어주었는데 우리 집은 어머니가 50 넘어서 안 나누어 주었다.

가족계획 때문에 면사무소에서 배포한 콘돔을 아이들 눈에는 꼭 풍선처럼 생겨 학교에 가져온 것이라 지금 생각하면 그런 물건은 잘 보관하지 아무 데나 두어서 아이들이 학교에 가져오고 지금 생각하면 어른들에게 부주의다.

그 친구들이 학교에 종종 가지고 와 놀았던 기억이 새롭다. 그렇게 투명 풍선을 정부에서 무상으로 배포해도 가족계획은 잘 안 되었다. 왜 안 되었는지 알 수는 없지만, 아이들 풍선으로 만족해야 했다. 어린 시절 투명 풍선 이야기이다.

감 이야기

지금 우리가 먹고 있는 감 종류는 3가지 곶감까지 더하면 4종류이다.

청도 반시 일반적으로 가장 많이 먹는 감이다. 수요가 엄청 많다 감나무도 크고 정말 많이 열린다. 오래된 큰 감나무 올라가기도 힘들다. 또한, 감나무는 약해서 잘 부러져 사람이 올라가면 위험하다. 납작감은(반시) 주로 언덕에 있다.

대봉감 어느 날 40여 년 전부터 대봉감이 유행했는데 감이 정말 크다. 이름 그대로 대봉이다. 오래 숙성하여 홍시로 먹는 게 가장 맛있다.

단감 이름 그대로 떫은맛이 전혀 없는 단감이다. 우리나라는 단감 종류가 없다. 일본사람들이 경남 진영에 처음 심어 우리가 진영 부유(富有) 단감이라 불렀다. 단감의 종류는 부유 우리나라 가장 재배가 많다. 차랑(次郎) 호남지방에 많다. 과육이 당도가 부유보다 약간 높다. 태추(太秋)는 개량된 지 얼마 안 되었다.

떫은 감을 안 먹어 본 사람을 감을 단감을 기준으로 해서 단것으로 안다. 떫은 감을 오랫동안 먹은 세대들이 감이 단 것은 신기하기도 한다. 특히 파란색 풋감이었을 때도 단감은 달다. 위 것들이 현재 우리가 먹는 감이다.

60년대 시절 감은 지금을 그 종류가 시골 산골짜기에 아주 오래된 나무 한두 그루나 남아 있을지도 모르겠다.

납작감을 넙적감이라 했는데 전라도에는 별로 없는 것 같다. 곡식 수수를 쑤시라고 했던 게 모서리가 네 군데가 둥그런 모양을 한 감이 쑤시감이라 했다 납작하다.

나무가 마을에 한두 그루 정도 있었다. 교회 아래 밭에 아주 큰 나무가 있었다. 병충해도 강한 것 같다 생감으로 떨어지는 것을 어쩌다 한 개씩이다.

60년대 후반 농업학교를 졸업한 형님들이 고욤나무에 일명 먹감을 접을 붙였다. 고욤나무가 감나무에 선조 격이다. 고욤나무는 일종의 감인데 꽃사과처럼 작은 게 많이 나무에 매달려 있다. 방울토마토하고 크기가 똑같다. 씨만 잔뜩 들어있다.

열매 씨를 모종해서 1년 정도 자라면 감나무 가지를 접을 붙여 감나무가 된다.

먹감은 감이 가을에 익으면 한쪽이나 양쪽이 검은색 모자이크처럼 물들어 마치 미술작품 같았다. 모든 감나무가 먹감으로 변했다. 지금 대봉에 비하면 새끼 감이다. 가을에 주황빛 감이 감나무에 달려 검은색으로 모자이크를 한 감은 한 장의 그림 같다 자연이 그려줘 정말 예쁘다. 60~70년대 추석에 고향에 내려가면 한두 가지 꺾어서 열차에 올라 창문 옆 옷걸이에 걸어 서울까지 가져온다. 그 감 종류가 먹감이다. 사람들이 한 번씩 쳐다보는 귀성열차 안의 장식품이다. 서울에 오면 한동안 자취방에 겨울이 올 때까지 매달려 있다. 익으면 하나씩 먹는 재미도 있다. 곶감도 깎아 먹는데 먹감은 그러기엔 너무 작다.

둥지리감은 깎는 감이다. 곶감이 살이 많고, 둥실둥실하다 호남 사투리나 경상도 사투리나 감 이름이 거의 같다.

곶감용 감이다. 둥지리처럼 모양이 두툼하고 살이 많이 있다. 추석에 감을 울려서 먹기도 하고 곶감으로 말려 먹는다.

장두감은 모든 감 종류에서 가장 크다. 대봉의 원조이다. 장두 감나무는 동네에 몇 그루 없었다. 주로 곶감이나 홍시로 만드는 감이다.

돌감(똘감) 일명 야생 감이다. 돌 감나무가 동네 몇 그루 있다. 야산 밑에나 산 근처 밭 가장자리 따먹기도 힘든 곳에 있다. 사람이 왕래가 드문 산에 있다 감 크기가 아주 작다. 씨가 8개 이상 된다. 감은 작은데 씨가 많은 이 먹을 게 없다. 그래서 돌감이라 한다. 늦가을 산에 나무하러 올라가는 길에 주로 있다. 잎새가 지고 나면 노란 감만 달려 있다. 서리를 몇 번 맞으면 감이 떫은 맛이 없어지고 늦가을 차가운 날씨에 따먹으면 감이 얼음 바 먹는 그것처럼 시원하다. 산에 오르다가 따먹고 나무를 한 짐 지고 내려오다 따먹으면 정말 꿀맛이다. 야생 것을 따 가지고 곶감도 만들지만, 너무 씨가 많아 사람들이 안 좋아한다. 사람이 먹고 나면 눈이 내리는 겨울까지 까치 먹이가 된다.

곶감 70년 80년대는 감은 직접 손으로 깎아다 즉 손으로 껍질을 벗겼다. 가을 햇살이 좋을 때 나무 황금빛 감을 따 소쿠리에 담았다. 대부분 어른들이 작업한다.

우리 시골에는 곶감을 깎을 때 감 껍질은 따로 말리는데 말릴 때 파리가 붙어도 그냥 신경 안 쓴다. 세월이 지난 후에 비닐이나 망사로 덮어 말렸지만 내가 꼬마 시절은 그렇게 말렸다. 그래도 곶감처럼 달콤하고 맛있다. 떡을 할 때는 주로 껍질 말린 것을 사용한다. 일명 감떡이다.

말린 반숙 감이 정말 맛있다 부모님 몰래 한 개씩 따먹는다. 많이 먹으면 혼난다 어쩌다 한 개 먹는다. 거의 완숙이 될 무렵 햇 싸리나무 가지를 산에서 베 온다. 곶감을 열 개 씩 나무꼬챙이로 끼운다. 그리고 다시 더 말리면 곶감이 되는데, '곶감 빼먹듯이 한다'는 말이 옛날 방식으로 말리는 곶감이다. 싸리나무 10개 곶감을 한 개 한 개 빼 먹다 보면 열 개가 다 없어진다.

지금은 감나무가 몇 그루 있는 집은 곶감을 깎지 않는다. 홍시로 먹는데 대부분이고 곶감 깎을 인력도 없다. 대량 곶감 농장은 기계로 감 깎다 한 개 한 개 건조장에 매달아 말린다. 포장도 한 개 한 개씩 한다. 곶감 빼먹듯이 한 말은 이제 전설이 되었다.

　현재 감나무 종류는 묘목장에서 파는 감나무 종류는 대부분 단감하고 대봉만 있다.

1968년 학교 강냉이죽

절대 빈곤 시절 강냉이죽은 오늘날 우리가 먹는 옥수수스프와는 전혀 다르다. 지금 먹는 수프는 정말 부드럽고 맛있다. 옥수수 전분이 밀가루처럼 고운 가루이다. 가난한 시절 우리가 먹었던 강냉이죽은 가루가 약간 거칠다. 강냉이 가루를 반죽하여 삼베천 위에 사카린을 넣고 솥에 찐다. 노란 강냉이 빵이 된다.

강냉이죽은 학교 입학하기 전 먹어 보지 못했다. 학교에 입학하고 나서 일학년 때 처음 먹었다.

나라가 가난하여 혹시 어린이들이 밥을 굶을까 봐 원조 물품이었다. 4시간 수업 끝나고 주는데 일학년이라 오후 수업은 없어 학교 소사 아저씨가 물과 가루를 가마솥에 넣고 큰 나무 주걱으로 저어준다. 소금과 사카린을 넣어 학교 숙직실 가마솥은 사용한다.

숙직실 불도 때고, 일거양득이다. 밥만 먹다가 처음으로 달콤한 죽 맛을 보니 당연히 맛있을 것이다. 지금 이런 방법으로 죽을 만들어 준다면 아마 맛이 없어 한 사람도 먹지 않을 것이다. 잘 만들어도 죽을 좋아하지 않는 사람이 많을 것인데 위생 등등 암튼 맛없다고 할 것이다.

아침 등교 때 그릇 하고 수저를 가져간다. 솥 앞에서 퍼 준다. 소사 아저씨가 그릇을 설거지할 수 없고 설거지할 장소도 없어 집에서 챙겨 오라는 것이다.

죽 먹는 것은 모든 학생이 다 먹는 게 아니고 일부 가난한 아이들만 먹었다. 40% 정도 나머지 60%는 먹지 못했다 먹지 못한 반 이상 학생들은 얼마나 먹고 싶었을까?

나 역시 먹을 수 없는 대상 중의 한 사람이었다. 우리 학년에는 그렇게 큰 부자가 없었다. 도토리 키재기였다. 우리 학년에만 그렇다. 친구 중에 대학교 진학한 친구들이 있지만, 부자라서 입학한 게 아니고 친구가 많이면 아버지는 30 초반 새마을운동 세대라 젊어서 아이들 교육을 제대로 한 것이다. 그 당시 부자는 동네 한두 가구였다. 그들은 일제강점기에도 대학을 나온 거부였다. 나머지는 다들 사는 게 거의 똑같다고 본다. 누구나 먹고 싶어 했다. 나도 먹고 싶어 선생님보고 달라고 했다. 안 된다고 했다.

강냉이죽은 먹고 싶고 궁리한 차에 아버지에게 말씀드렸다. 강냉이죽이 먹고 싶다고. 2024년 나의 기준으로 아들이 그렇게 요

구했다면 먹지 말라고 할 것이다. 쌀밥도 아니고 말이다. 그 시절 강냉이는 아주 등급이 감자 정도였다. 어르신들이 보기에는 정말 별 볼 일 없는 하찮은 것이었다. 그것도 죽으로 준다면 더욱 그렇다.

아버지는 내 이야기를 듣고 다음 날 우리 마을에 교장 선생님 댁을 찾아갔다. 교장 선생님은 집안사람이고 나이는 아버지보다 몇 살 더위다. 아버지하고 항렬 차이는 손자뻘이다. 출근하는 선생님을 붙잡고 아버지는 유교 문화 그대로 위엄을 갖추고 선생님께 말씀하셨다.

"자네, 우리 아들이 강냉이죽을 먹고 싶다 하니 그냥 주게나."

아마 교장 선생님이 난처하였을 것으로 생각된다. 별거 아닌 것을 부탁하여도 집안 어른이라 어쩔 수 없이…….

그다음 날부터 밥그릇하고 수저를 등교할 때 챙겨와 강냉이죽을 먹을 수 있었다. 얼마나 맛있었는지, 지금 생각해도 정말 맛있게 먹은 것 같다. 달달한 맛이 일품이었다. 그렇게 맛있는 것도 일학년 지나고 2학년부터는 빵으로 대체되었다. 아버지 배경으로 맛있는 강냉이죽을 몇 번 못 먹고 끝났다. 밥만 먹던 그 시절 별미 강냉이죽은 지금 생각해도 맛있는 죽이다. 강냉이죽은 먹는 사람의 해석에 따라 다를 수도 있다는 거다.

고향 가는 길

2010년 이전까지 10시간~20시간 걸려서 베이비부머 세대는 고향을 찾는다. 당시에는 지금처럼 길이 좋지 않아 장거리 운전이 아주 고됐다. 고속도로가 주차장이 되었다. 전 세계 뉴스에도 나왔다. 하늘에서 본 도로는 전 국토가 주차장이다.

회덕분기점 경부선과 호남선 만나는 분기점에서는 한 시간에 6킬로를 갔다. 신탄진까지 6시간을 허비한다. 저녁 늦게 출발하면 고속도로상에서 30분에서 1시간 동안 시동을 끄고 쉬었다. 새벽 2시쯤에는 차에서 잠이 든 사람도 있다. 양쪽 차선에서 한쪽만 빠지고 한쪽 차선은 계속 정체되어있었다. 비집고 지나가면서 보면 고속도로 한가운데서 웬 운전사가 잠을 자고 있다. 몇 번을 경험했다. 깨워야 하는데 서로 가기가 바쁘니 그냥 지나친다. 고속도로 순찰대가 깨워서 보낸다.

베이비부머 윗세대는 명절 때 웬만하면 1년에 한 번은 고향에 부모님은 만나기 위해 한번은 노력했다. 2년에 한 번 또는 10년에 한 번도 있었다 대부분 사람이 배운 것도 없고 돈도 차비만 가지고 타지에 올라와 몸으로 일하는 일을 하러 올라왔다. 얼마나 생활이 고달픈가?

1930년대 40년생들 서울 올라와 꿀꿀이 죽도 먹은 세대 고향에 연로하신 부모님과 어린 동생들이 있다. 일 년에 추석 설을 2번 고향 오는 사람은 많이 없고 1년에 한 번은 그나마 조금은 있었다.

왜 고향을 자주 못 오냐 물으면 그 당시 월급은 먹고살 만큼만 주었다. 고향 가면서 옷도 사 입고 동생들 선물도 사고 부모님 용돈도 줘야 하는데 그 당시로 만만치 않다.

당시 완행열차에 몸을 싣고 오는데 아이가 2명은 괜찮은데 3명 있는 집이 더러 있다. 초저녁 용산역에서 입석 완행열차로 콩나물 시루 같은 열차 칸에 겨우 타면 다음 날 아침에 고향 역에 파김치가 되어 도착한다.

아이들 둘을 부부간에 서로 안고 밤새도록 타고 온다. 세 명 있는 자녀들은 큰애는 콩나물시루 같은 열차 안에서 어른처럼 서 있고, 좌석에 앉아있는 사람 팔걸이에 끼어서 앉았다 섰다 한다.

열차 안에서 아이가 안 울 리가 없다. 너무 지겹고 사람이 많으니 울고 하면 눈치도 보고 서서 가는데 종일 서서 가면 그것도 괜찮다. 중간중간 홍익회 스낵 아저씨가 지나가면 그 좁은 곳에 옆으로 아이를 안고 피해주어야 한다.

이리저리 10시간을 부대끼면 새벽에 고향 역에 내린다. 우리 동네는 기차역에서 10리를 걸어온다. 그 당시 택시는 있었으나 돈을 아끼고 택시비가 소득보다 너무 비쌌다. 대부분 걸어서 왔다.

기차역에서 내려 버스를 타고 내려서는 또 20리를 걸어서 가야 하는 마을도 허다했다. 순창군 동계면 어치리가 그렇다. 1990년생들은 말한다. 그럼 버스 타거나 택시를 타지 그랬냐고. 하지만 그 당시 길 자체가 없었다. 산길을 계속 올라가는 오솔길이 대부분이다. '밥 없으면 라면 먹지'라는 말과 똑같다.

추석은 날씨가 가을이라 걸어오기가 괜찮은데 설날 매서운 강바람 돌바람을 맞으면 눈 올 때는 눈보라를 맞으면 걸어서 왔다. 완행열차를 밤새도록 타고 오기도 힘든데 역에서 집에 가는 길이 무척 험했다. 이렇게 자녀들이 고향을 오는 것을 부모님은 아는지, 아마 몰랐을 거다. 부모들은 그런 열차를 타본 적이 없다.

그렇게 고향 집에 도착하면 부모님, 특히 어린 동생들은 1년에 한 번 보는 게 아니던가. 모두가 얼싸안으며 반겨주었다. 모두에게 선물을 주고 부모님 용돈을 드린다.

명절이 끝나면 다시 완행열차로 오는 길을 반복한다. 부모님도 우리도 모두 다 눈물로 헤어진다.

고향을 오가는 일은 힘들지만, 부모님과 형제들… 가족들을 본다는 일념으로 사서 고생했다. 1년을 눈이 빠지게 기다린다. 고향 집에 올 때면 가족들 얼굴에 만연한 환희와 기쁨을 나는 잊지 못한다.

2015 이후 고향 가는 길을 평일보다 2시간 정도 더 걸린다. 시골에 어르신들이 거의 다 돌아가시고 고속도로가 몇 개 더 건설되었고 국도는 신호등 최소화해 왕복 4차선으로 개량되어 마치 70년대 고속도로와 같다. 시골에는 어르신이 안 계셔서 자녀들이 내려올 필요가 없고 고향을 찾는 세대들이 어른이 되어 서울에서 자녀들과 과 손주를 맞는다. 자녀들이 그 세대를 찾아오는 것이다.

고향을 갈 일이 없다. 중간에 성묘만 할 뿐이다. 우리 시대의 고향 찾아 삼만리의 이야기이다. 인구가 수도권에서 반 이상 살고 있어 20~30년 후에 전설의 고향 가기 연속극이 나올지도 모르겠다.

그 시절 이런 일도 있었다고 글로 남긴다.

순창 동계 감밭 가는 길

　동계면 가는 길에 아름다운 마을 이름들. '강진몰·산석굴·바다실·동산리·배자·서저울·수정·강촌·안닝게·쑥대미' 섬진강 줄기를 따라간다. 성동초등학교 앞 강바닥과 언덕이 하얀 모래이다. 물을 맑고 파랬다. 배자 근처 물이 정체되어 강 하류처럼 느껴진다. 민물 참게도 있다 피리 떼와 은어들에 영원한 고향이다. 봄에는 진달래꽃은 강의 양쪽 산허리 분홍빛으로 물들이고 겨우내 얼었던 모래 받으니 녹아 은빛 모래는 눈이 부시다.
　여름 푸른 물에 흘러가는 강물 따라 은어 떼는 마음껏 헤엄치고 논다. 가을 외기재 풍악산 오색으로 물들이고 산 열매 익어가는 곳에 산새들은 즐겁게 노래한다.
　겨울 눈 내리는 강물이 정체된 배자의 푸른 물에 눈보라 휘날리며 강물에 떨어지는 함박눈은 영화 속의 한 장면 그림 같구나.

 서저울 물레방앗간 오랜 고목 정지나무 시골 마을인데 변화가라 나그네가 쉬어 가는 점방이 있고 막걸리도 팔았다 어느 시간 때나 사람이 있었다. 그 마을 앞에 징검다리 강물을 건너 내령리 수장리 둑을 따라 걸어가면 샛몰 현포리 동계면 소재지 나온다. 동계는 지명이 감밭이라 아버지는 항상 감밭장에 가신다 했다. 감이 많이 나서 감밭인가? 감밭에서 삼계 거쳐 오수로 지나 전주로 가게 된다. 70년대 비포장길이었다. 그래도 사람들은 지금보다 더 많이 다녔다.

 '내령리·수장리·상외령·하외령·강촌·가작' 학교는 동계로 다녔는데, 동계까지는 그리 멀리 있는 길을 아니었다. 하지만 다리가 없어 징검다리를 건너야 하는데, 늦가을이나 겨울에는 걸어 다닐 만했는데, 비만 오면 옷을 벗고 징검다리 위로 다녀야 했다. 물 위 넘치니 징검다리 밑으로 건너가면 물이 너무 깊다. 장마철이 되면 책을 머리에 이고 물이 많아 여러 명이 손을 잡고 건너다 물살이 세서 100~200m 떠내려 건너다 그나마 그것도 다른 곳에 비하면 가까워 다행인 것이다.

 너무 비가 많이 오면 거의 10리를 돌아서 창주정마을로 버스 다니는 다리로 돌아갔다. 학교에 가면 한 시간 수업이 끝났다. 학교 오갈 때가 다 그렇다. 이른 봄비가 오면 옷을 벗고 강을 건넜다. 발이 시려 언덕에 불을 피워 말리면 한 시간이 지났다. 그래도 결석은 하지 않고 다녔다.

학교 다니기가 가장 힘든 동네는 어치리였는데 지름길로 다녀도 10km 20리가 넘는다. 학교 올 때는 산에서 내려오고 방과 후에는 산에 올라간 높은 산이다. 달구지도 다닐 수 없는 이름 그대로 산 비탈길이다.

어치리는 영화 〈아름다운 시절〉 촬영장소가 있는 마을과 가깝다. 나중에 분교가 생겼는데 거기도 멀다 감밭 장을 보러 아침 서둘러 온다. 지게를 지고 쌀이나 곡식을 가져온다. 장에서 매매하고 점심도 사 먹고 막걸리도 한잔하고 생활용품 사고 무거운 비료는 필수 품목이다. 이렇게 추가하다 보면 벌써 짐이 한 짐이어서 무거웠다. 거의 20리를 계속 산길로 올라간다. 얼마나 힘든가? 비료는 농사에 필수였다. 그러니 지고 가는 수밖에.

겨울에 눈이 많이 내리면 전기도 안 들어오는 시절 연락이 끊긴다. 사람이 오거나 갈 수도 없다 눈이 녹을 때까지 기다려야 된다. 갑자기 아프거나 하면 그냥 죽음을 맞이하는 거다.

동계에 병원도 없지만, 약방은 있었는데 암튼 그림의 떡이 다 어떻게 할 도리가 없다. 전화도 없지, 사람이 인편으로 연락해야 하는데 방법이 없다.

초등학교 학생은 너무 멀어 항상 1시간씩 지각했는데 나중에는 학교에서 그 시간을 출석 시간으로 해주었다. 어치라는 산몰랭이(산꼭대기)서 아침 등교 시간 걸어오면서 돌이나 솔방울을 발로 차면 우스갯소리지만 동계 학교까지 굴러오는데 학생보다도 더 먼저 도착한다. 큰 산 한 개가 비탈이었다. 초등생 고학년은 그렇게

217

다니지만 1학년은 오갈 때 부모님은 학교까지 바래다주는 것은 없다. 그 시절은 알아서 한다. 학교 수업도 1시간 일찍 마치고 집으로 돌아가야 했다 컴컴하면 걸어서 가는 것은 위험하다. 늑대도 있을 때인데 전등도 없이 다녔다.

그렇게 학교에 다니니 공부가 제대로 되었겠는가? 집에 가면 밥 먹고 바로 자는 거지. 내일 아침이 일찍 일어나 밥 먹고 똑같은 일을 반복하니, 학교 가는 게 노동이었던 어치리 학생은 비가 와도 걱정은 없다. 산에서 오기 때문에 겨울에 눈이 오면 학교에 아예 못 온다. 연락은 당연히 안 된다. 눈이 다 녹아야 연락된다. 그 당시 그렇게 힘들게 공부하고 중학교에 다녔다.

우리 친구 외갓집이 어치리에 있는데, 외할머니가 손주 보고 싶다 하여 엄마가 다녀오라 버스 차비로 얼음과자 사 먹으려고 오수에서 어치리까지 걸어서 도착해서 다리가 아파 며칠 고생했다. 어른도 걸어가면 힘든 길인데, 아이가 얼마나 힘들었겠는가 상상해 보라.

현재 동계 농협 쪽에서 어치리 가는 길에, 높고 거대한 산을 바라보면 산에 있는 도로가 선명하게 보인다. 차도 다닌다. 오직 걸어서면 다니던 길이 차로 가게 되었지만, 산만 바라보고 생각하면 저기를 대체 어떻게 걸어 다녔나, 대단하다는 생각이 절로 든다.

벌초와 추석

농경사회 명절은 설날과 추석이 있는데 설은 겨울이고 추워서 일을 안 한다.

추석은 모든 열매와 곡식이 익는다. 벼를 수확하고 과실도 따고 한다. 추석은 아침에 성묘하고 논에 나가 벼를 베거나 밭에서 일한다. 설과는 다르다.

윤달이 있어 늦을 때는 양력으로 10월 중순에 추석이 될 때도 있다. 밤이 익었는데 추석 성묘하고 종일 밤나무에 밤을 털었다.

조상의 차례를 지내고 성묘하러 가는 데 산소가 거의 다 산에 있었다. 옛날 어른들은 왜 그렇게 높은 산에 묘를 만들었을까. 명당을 찾아서 높은 산길도 없는 곳에 묘를 쓴 것이다.

그 당시 성묘 20일 전에 벌초한다. 지금은 예초기가 있어 1시간

이내에 끝낼 수 있는데 예초기가 나오기 이전에는 낫으로 다 깎았다. 가문이 있는 집은 산지기가 알아서 벌초해 주었는데 산지기는 부부간에 또는 일할 사람을 구해서 산에 있는 모든 묘를 깎아주었다. 아침에 도시락을 들고 종일 낫을 몇 자루를 숫돌에 갈아서 지게에다 지고 때론 작은 숫돌을 가지고 간다. 낫을 갈기 위에서 물이 필요하다. 물이 없으면 무거운 정종병이나 주전자를 들고 가는데 산으로 여기저기 다녀야 하므로 먹을 물만 조금 가지고 가는 그것이 대부분이다.

부부간에 며칠간 종일 풀만 깎으러 산 여기저기를 다닌다. 지금처럼 돈을 주지도 않는다. 산지기가 위토답을 짓는 대가로 그냥 해주는 것이다.

먹을 것이 귀한 70년대까지는 산지기도 아무나 할 수 없다. 경쟁자가 많아서 서로 오려고 했다. 소작농 같은 뭇갈림이나 선재를 사서 하는 것보다야 산지기가 하대 받고 무시는 당해도 돌아오는 이익이 더 많았다. 80년대 들어서 산업화가 한창일 때 도외시로 나가 공장 생활이나 막일해도 산지기보다 수입이 좋았고 무시는 안 당했다.

산지기의 자녀들이 배운 사람도 있지만 대부분 못 배웠다. 묘사지낼 때 도와달라고 집에 내려오라 하면 나이도 많은 아버지가 젊은 사람들에게 무시당하고 하대당했다. 그렇지만 아버지는 "예, 예, 알겠습니다." 해야 하니, 그 당시 40대 후반 50초 나이대는 서울에 가서 공장 다녀도 이거보다 낫다 싶어서 많이 떠났다. 산지기가 없는 곳이 더 많았다. 산지기로 오는 사람이 점점 줄어들어 산지기 하는 사람이 없어 농사짓는 것도 세도 줄여 주고 이름도 관리사라고 불러주었다. 벌초도 각자 하기로 했다.

  산지기가 없는 곳도 있었다. 그러나 IMF 이후로 도시에서 회사와 공장이 문 닫고, 막일 등의 건설산업 일거리도 없어 시골로 많이 내려왔다. 그래서 전 위토답에 산지기가 다 있게 되었다. 벌초는 안 하는 조건이다. 벌초를 미리 못 하면 성묘 갈 때 낫을 들고 가 몇 명이 벌초를 한 후에 성묘하는 예도 있었다. 형제가 많으면 가능하다. 묘가 큰 것도 있지만 보통이면 얼마 안 걸린다. 80년도 중반 해외여행 자율화 이전에 양주가 귀할 때이다. 면세점에서 '조니워커 레드'나 '시바스 리갈' 양주 한 병을 갖다주면 최고 좋아했다. 산지기는 추석에는 우리 형제 오기만 기다렸다.

  벌초가 80년대 후반부터 가족 전체가 형제 사촌 6촌까지 모여서 열심히 다녔다. 이때부터 예초기를 가지고 다녔다. 2000년대에 들어 벌초를 전문으로 하는 자영업이 시작되었다. 스마트폰이 보급되고 벌초하기 전 사진과 벌초 후 사진을 보내 따로 확인하고 돈을 송금한다. 명절에 성묘를 안 하고 명절 후 가을 묘사 때 가 보면 사진하고 똑같다. 지금 뉴스에 예초기 조심하라고 방송했다. 초창기에는 가끔 사고로 목숨을 잃은 사례가 종종 있었다.

  부부간에 벌초하러 다니는데, 예초기가 벌집을 건드려 갑자기 남편이 벌이 쏘이니까 예초기를 들고 옆으로 쓰러졌다. 그때 옆에서 부인이 갈기로 깎은 풀을 긁어서 모아 밖으로 내버리는 중에 남편의 예초기가 부인 몸을 순식간에 지나가는 사고도 있었다. 그 후로 예초기 할 때 옆에 있으면 안 된다는 인식이 퍼졌다. 예초를 다하고 풀을 갈퀴로 긁어낸다.

 말벌 공격도 있는데 낫으로 벌초할 때는 천천히 진행되므로 벌집을 건드릴 일이 거의 드물다. 예초기는 길고 빨라 순식간에 지나가서 벌집을 발견하지 못할 때가 있다. 벌 쏘임 사고가 일어나는 것도 이 때문이다.

 2024년 현재는 벌초는 상당수가 돈을 주고 전문가에 맡긴다. 내려왔다가 가면 시간과 금전이 이중으로 들어간다. 2000년대 후반부터 화장문화가 자리를 잡아 지금은 화장문화가 발달하여 묘를 만들지 않아 벌초도 그만큼 없다. 조금 더 시간이 지나면 벌초 이야기는 역사 속으로 사라지고 사전에만 나오는 이야기가 될 것이다.

양반과 6·25전쟁 그리고 새마을운동

21세기에서 과거를 돌아보다

지금은 2025년, 인공지능과 사람이 함께 일하는 초고도 문명의 시대다. 스마트폰 하나만으로도 지구 반대편 사람과 즉시 소통할 수 있고, 인간의 지적 노동을 대체하는 AI가 학교, 기업, 연구실에서 일상이 되어 있다. 우주 탐사와 뇌과학, 바이오 기술의 발전 속도는 인류 역사상 유례가 없다. 이런 시대에 "양반과 노비"라는 말을 꺼낸다면 대부분은 웃을 것이다. "그게 무슨 조선시대 이야기냐, 지금 세상이 어떤 세상인데"라고 반문할 것이다. 그러나 불과 두 세대 전, 그러니까 1970년대까지만 해도 한국의 농촌 사회에서는 신분제의 흔적이 분명히 살아있었다. 법과 제도상으로는 이미 오래전에 폐지되었지만, 사람들의 의식 속에서 양반과 노비, 상놈의 구분은 여전히 강하게 작동했다.

물론 1970년대의 '노비'는 더 이상 주인집에 묶여 사는 존재가 아니었다. 실제로 종속된 신분이 남아 있었던 것은 1890년대에 태어난 아버지 세대까지였다. 그러나 후손들은 "그 집안의 할아버지가 노비였다"는 낙인을 떠안고 살아야 했다. 사람들은 누구 집안이 양반이고, 누구 집안이 종이었는지를 너무나 잘 알고 있었고, 그 기억은 고향 공동체에서 오랫동안 인간관계의 기준으로 작동했다. 신분제는 문서상으로는 사라졌지만, 사람들의 언어와 기억 속에서 여전히 진행형이었다.

1894년 갑오개혁은 조선의 오랜 신분제를 공식적으로 폐지한다고 선언했다. 양반과 상민, 노비를 법적으로 구분하지 않는다는 법령이 내려졌다. 이어 1907~1909년, 일제는 '민적법'을 제정해 모든 백성에게 성(姓)을 부여했다. 그 전까지 노비들은 이름만 있었지만 이때 성씨를 갖게 된 것이다. 그러나 성을 가진다고 해서 곧장 평등한 인간으로 대우받은 것은 아니었다.

1890년대에 태어난 사람들 중 상당수는 실제로 "노비"로 불리며 살았다. 주인집 마당 한쪽에 초가집을 짓고, 주인의 명령에 따라야 했다. 낮에는 논밭에서 일하고 밤에는 주인집 심부름을 다녀와야 했다. 비가 오나 눈이 오나, 주인이 불러내면 달려가야 했고,

하대를 당하는 것은 일상이었다. 명절이나 제사 때면 상석에 앉은 양반과 달리 노비들은 뒷자리에서 일만 해야 했다. 독립적인 경제 활동은 불가능했고, 새경조차 없었다. 오직 주인의 집에 종속되어 살아야 했다.

해방 이후 농지 개혁이 단행되면서 상황은 크게 달라졌다. 소작 농들이 논과 밭을 나눠 가지게 되었고, 오랜 세월 주인집에 붙어 살던 이들도 땅을 얻어 독립적인 농민이 되었다. 그러나 농촌 공동체의 의식은 쉽게 바뀌지 않았다. 법적으로는 모두 같은 국민이 되었지만, 마을에서는 여전히 "양반 집안"과 "노비 집안"이라는 말이 오갔다. 혼인하려 해도 양반 집안에서는 노비 출신 집안과의 결혼을 반대했고, 사위가 양반이면 장인어른조차도 사위에게 존댓말을 쓰는 관습이 남아 있었다.

즉, 20세기 중반 농촌 사회의 신분제는 제도적 실체가 아니라 기억과 구전, 그리고 낙인으로 이어진 관습이었다. 종의 후손이라는 이유만으로 하대당하거나, 혼인에서 배제되는 일이 빈번히 일어났다.

1945년 해방은 한국 농민들에게 큰 변화를 약속했다. 일본이 물러나고 새로운 정부가 세워지면서, 신분의 차별 없이 모두가 같은 국민으로 살아갈 수 있을 것이라는 희망이 있었다. 그러나 그 희망은 곧 6·25 전쟁이라는 거대한 비극 속에서 무너졌다.

전쟁은 모든 질서를 파괴했다. 양반과 노비, 상민이라는 구분도 잠시 무의미해졌다. 피난길에서는 신분을 따질 여유가 없었고, 군에 입대하면 모두 같은 군복을 입고 계급에 따라 생활했다. 장교가 노비의 아들이 될 수도 있었고, 병사가 양반 집안 출신일 수도 있었다. 적어도 군대 안에서는 신분이 아니라 군 계급이 인간관계의 기준이었다.

종교 역시 평등의 경험을 가능하게 했다. 김제의 100년 넘은 교회에서는 주인과 종이 같은 자리에 앉아 예배를 드렸다. 심지어 노비 출신이 목사가 되고, 옛 주인이 장로가 되어 그를 섬기는 장면도 있었다. 교회 안에서는 신분보다 믿음이 더 중요했고, 그것은 농촌 사회에 잠시나마 평등의 가치를 보여주었다.

그러나 전쟁이 끝나고 마을로 돌아오면 현실은 달랐다. 평시의 농촌은 다시 옛날의 관습으로 되돌아갔다. "저 집안은 옛날에 종이던 집안"이라는 말은 여전히 남아 있었고, 아이들이 어른이 되어 혼인하려 하면 다시 신분의 벽에 부딪혔다. 전쟁과 종교가 보여준 평등은 순간적이었고, 뿌리 깊은 의식은 쉽게 사라지지 않았다.

1970년대, 박정희 정부가 추진한 새마을운동은 농촌의 외형을 크게 바꾸었다. 초가집은 슬레이트 지붕으로 바뀌었고, 마을 길은 포장되었다. 마을 어귀마다 "근면, 자조, 협동"이라는 구호가 내걸렸다. 그러나 농촌의 정신적 세계에서는 여전히 신분제가 작동했다.

1970년대 농촌에서 '노비'는 실제 종속된 신분이 아니었다. 이미 그들의 아버지 세대가 마지막으로 주인집에 묶여 살던 노비였고, 손주 세대는 독립된 농민으로 살았다. 그러나 마을에서는 여전히 "그 집 할아버지가 노비였다"는 말이 오갔다. 그것은 단순한 기억이 아니라 현실 속에서 차별을 낳는 낙인이었다.

특히 혼인 문제에서 신분제의 흔적은 강하게 드러났다. 양반 집안은 노비 집안과의 혼인을 절대 허락하지 않았다. 그러나 산업화가 본격화되면서 농촌의 청년들이 도시로 나가기 시작했다. 서울, 부산, 인천의 공장에 취직한 젊은 남녀들은 출신을 숨기고 어울리며 사랑을 나누었다. 결혼하려 하자 양가의 반대가 있었지만, 이미 아이가 태어나고 가정을 이루자 결국 어른들도 받아들일 수밖에 없었다. 그때부터 "사람만 좋으면 된다"는 말이 점점 퍼져 나갔다.

산업화는 단순히 경제 구조를 바꾼 것이 아니라, 신분제의 잔재를 허무는 힘이 되었다. 공장에서는 누가 양반 출신이고 노비 출신인지 아무도 알지 못했다. 오직 성실히 일하는가, 얼마나 기술을 익혔는가가 중요했다. 도시는 신분제의 기억을 흐리게 하는 새로운 공간이었다.

1970년대 농촌에서 "노비"라는 말은 제도적 실체가 아니었지만, 여전히 강력한 구속력이 있었다. 아이들은 함께 학교에 다니며 놀았지만, 성인이 되어 혼인을 논하면 다시 신분의 벽에 부딪혔다. "저 집은 종의 집안이다"라는 말은 여전히 상대를 평가하는 기준이었다.

머슴과 노비의 차이도 회자되곤 했다. 머슴은 1~2년 계약으로 들어와 새경을 받고 떠날 수 있었지만, 노비는 주인집에 종속되어 새경도 없었다. 주인의 권세가 크면 노비의 위세도 덩달아 올라갔지만, 그것은 주인의 그림자에 불과했다. 1970년대에는 실제로 머슴이나 노비가 존재하지 않았지만, 사람들은 여전히 "옛날에 저 집안은 노비였다"라는 말을 입에 올렸다. 그것이 혼인과 교류의 벽이 되었고, 후손들에게까지 차별을 남겼다.

오늘날 대한민국은 법적으로 완전히 평등하다. 신분제라는 말은 역사책 속에만 남아 있다. 그러나 교육과 직업, 경제력의 격차는 새로운 형태의 위계질서를 만들어내고 있다. 과거 양반과 노비가 구분되던 것처럼, 오늘날에는 학벌, 직업, 재산이 사람들을 가른다. 제도가 사라졌다고 해서 의식까지 곧장 바뀌지는 않는다.

만약 산업화가 이루어지지 않았다면, 한국 농촌은 여전히 양반과 노비의 낙인 속에 머물렀을지도 모른다. 그러나 지금도 불평등은 형태만 바뀌었을 뿐 여전히 존재한다. 미국 독립선언서가 말했듯, "모든 인간은 평등하게 태어났으며, 창조주는 인간에게 생명과 자유, 행복 추구의 권리를 부여하였다."

이 진리를 한국 사회가 체감하기까지는 20세기 후반이 되어서야 가능했다. 그리고 오늘날에도 우리는 과거 신분제가 남긴 어두운 그림자를 경계하며, 불평등을 극복하는 길을 찾아야 한다.

"인간은 모든 사람은 나면서부터 평등하고 창조주는 인간에게 몇 가지 양도할 수 없는 권리를 부여하였다. 그 권리 중에 생명과 자유화 행복의 추구가 있다는 것은 자명한 진리이다.

"We hold these truths to be self-evident, that all men are created equal, that they are endowed by their Creator with certain unalienable Rights, that among these are Life, Liberty and the pursuit of Happiness."

―미국 독립선언서(1776년) 인용

국민학교 선생님

　60년대 초 출생한 어린이들이 배운 초등학교 선생님은 대부분 사범학교 출신이거나 농업학교 출신이었다. 일본인 선생님에게 초중고 과정을 배운 사람도 있었고 해방이 되어서 한국인 교사에게 배운 사람도 있었다.
　하지만 그들을 교육한 교사 역시 일본 시대에 교육받은 사람들이라 대부분 선생님은 일본식 문화가 남아있었고 너무 권위적이셨다. 우리네 전통인 유교 때문이었는지는 모르지만, 학생들이 혼날 때는 거의 회초리로 종아리를 맞았다. 종아리도 맞았지만, 뺨을 맞을 때도 많았다. 그 큰 손으로 뺨을 맞으면 얼얼할 때도 있었다. 그럴 때는 참 무식하다고 느낄 때도 있었다. 집에 와서 선생님께 맞았다고 말은 하지 않지만, 말을 하거나 자기 자식이 선생님께 맞은 것을 알았다 해도, 부모님들은 거의 무학이어서 으레 그러려니 하셨다. '군사부일체'라 하던, 선생님이 하늘이던 시절이었기 때문이다.

늘 그렇듯이 그날도 조회가 있었다. 왜 그렇게 매일 조회해야 하는지 모르겠기에, 난 당시 선생님께 그걸 꼭 물어보고 싶었지만 끝내 용기를 내지 못하고 입을 꾹 다물고 말았다. 나라가 가난해서 교육 여건이 열악한 시절이었다. 국어사전도 학교에만 있었고, 백과사전은 아예 보지 못했다. 참고서 전과도 다 없던 시절이었다. 전과가 중고가 팔릴 정도였으니, 전과를 가지고 있는 애보다 없는 애들이 더 많았다.

한번은 교장 선생님이 조회 시간에 컴퓨터 이야기를 하셨다. 누가 교장 선생님에게 컴퓨터 원리를 설명했는지, 교장 선생님이 책이나 신문을 보고 알았는지는 알 수 없지만 내 기억으로는 정말 이해가 가지 않게 설명하셨다. 컴퓨터만 있으면 세상일이 그냥 쉽게만 된다는 식으로 학생들이 알아들었다. 그 이야기는, 앞으로 컴퓨터가 중매도 하여 형·누나들이 중매로 결혼하게 된다고, 그렇게 이해했다. 컴퓨터는 데이터를 찾는 기계라고 설명해야 하는데, 내가 당시 이해하기로는 이름과 나이 넣으면 컴퓨터가 다 알아서 중매해 준다고, 마치 신이 알아서 판단해 주는 그것처럼 말씀하셨다.

우리가 5~6학년 때 키우던 염소 이야기를 하고 싶다. 우리 후배들은 염소 사육을 하지 않았다고 한다. 하지만, 우리는 염소 새끼를 봄에서부터 두세 마리 정도 키웠다. 학생들이 당번제로 돌아가며 집에서 먹이를 갖다주며 보살폈는데, 학교 수업받을 때는 문제가 없었다. 방학 때가 문제였다. 방학 때는 두 명이 한 조가 되어 키웠으므로, 한 학년 30~40명 정도가 방학 동안 염소 밥을 주려면 두 번 돌아왔다. 그래서 방학 동안에 걸리는 당번 때문에 친척 집 방문하러 가도 오래 있지 못했다. 2인 1조이니 한 명만 와도 될 것 같은데, 빠지면 선생님에게 혼이 났다. 또 방학 중이라도 아침에 먹이를 집에서 가져다주고 오면 될 것을, 선생님이 특별히 종일 염소하고 같이 있으라 명령하시어 학교에서 기다리다가 저녁쯤 집에 가곤 했다. 그만큼 아이들이 순진했다.

나는 누나네 집이 강경이라 방학 때 누나네 집에 가면 15일 이상 있다가 올 때도 있었고, 온통 거기서 방학을 보낼 때도 있었다. 그래서 한 번이라도 빠지면 선생님에게 되게 혼이 났다. 한번은 학생들이 키워 놓은 염소를 선생님들이 모여서 삶아 먹는 것을 보았다. 우연히 학교 숙직실에 들렀다가 염소 삶는 광경을 목격했다. 당시엔 그런가 보다 했다. 하지만, 지금 생각하니 많은 점이 아쉬웠다. 나 같으면, 염소를 팔아서 동화책을 몇십 권 구매하여 학생들에게 읽게 했을 것이다.

우리가 5학년 때 학생들이 벼 이삭을 주워서 그것을 팔아 동화책 9권을 사서 우리 반에 놓은 일이 있었다. 동화책이 처음 들어오던 날, 아이들이 너도나도 우르르 몰려들었으므로 제비뽑기해서 차례로 책을 보기로 했다. 나도 맨 마지막으로 '알프스의 소녀 하이디'를 보게 되었다. 내 인생에서 교과서 외에 처음으로 읽은 책이다. 지금도 생생히 기억한다. 그 기억으로 '하이디'라는 단어를 내 작품에도 종종 사용한다. 그 후로 그 책들은 학교 문고가 되어 후배 학생들도 읽을 수 있었다.

체력 검정이란 게 있었다. 100m 달리기, 600m 달리기 등 체력장이라는 게 있었다. 기록을 재는 초시계가 학교에 한 개밖에 없었다. 선생님들이 세이코 손목시계로 대충 몇 초이다. 말하면 학생이 받아 적었다. 학생 수십 명을 어떻게 하겠는가. 대충 잰 것이다. 이해가 간다. 장비가 열악하던 시절이었으니 어찌하겠는가. 그런 방법으로 할 수밖에 없지 않은가. 충분히 이해가 간다. 기록이 터무니없어, 친구 한 명은 600m를 두 번 뛰었다. 지금 생각하면 웃음밖에 안 나온다….

그런데, 정말 하고 싶은 말이 있다. 학기 초에 몸무게, 가슴둘레를 측정하는 체력 검사가 있었는데, 3월이라 쌀쌀할 때였다. 러닝셔츠도 못 입고, 팬티만 입고 했다. 남자 여자 다 그랬다. 1~5학년까지는 괜찮다. 6학년이 문제였다. 남자애들은 그렇게 했는데, 여자애들은 남자가 있으면 안 된다고 해서 남자가 먼저 끝나고 교실 밖으로 나가고 여자들만 따로 했다. 우리 학교만 그런 줄 알았는데, 임실군 우리 또래 여자 모임에 참석하게 되어 그 이야기를 하였더니, 우리하고 똑같이 6학년 때 그렇게 신체검사를 했다는 것이다.

그 학생 이야기로는 담임선생님이 무서운 분이셨는데, 웃옷을 벗으라고 해서 본인은 가슴이 안 나와 홀러덩 벗었는데, 6학년이면 가슴이 나온 애들이 있어 선생님이 벗으라고 해도 울면서 절대 안 벗었다고 한다. 지금 내 생각으로는, 속옷은 100g 이하이다, 몸무게를 측정하고 일괄적으로 약 100g만 빼면 되지, 어떻게 그렇게 할 수 있었을까 이해가 안 간다.

내가 저학년 때의 이야기이다. 60년대 세대는 학교 입학 때부터 졸업 때까지 보자기에 책을 싸 들고 다녔다. 아주 작은 필통을 책 가운데, 두고, 밑에 두 권 뒤에 두 권을 넣고, 돌돌 말아 두루마리처럼 만든 다음에 길쭉하게 오른쪽 어깨에서 왼쪽 아래로 사선으로 매고 고정한다. 그러면 여름만 빼고 너무 좋다. 등 뒤에 붙어 따뜻하고 매고 다녀 두 손이 자유로우니 얼마나 좋은가. 여학생들은 돌돌 말아 기모노처럼 허리에 대어 매고 다녔다. 하지만, 그 뒤에 조회 시간에 어떤 선생님이 책보는 들고 다니라고 했다. 책을 메고 다니는 것이 인민군하고 같다고. 6·25 때 인민군이나 일부 빨치산이 식량 보급이 제때 안 되어 그렇게 다니던 것을 성인이 돼서 영화를 보고 알았다. 미숫가루를 그렇게 메고 다녔다. 그 후로 졸업할 때까지 그렇게 불편하게 다녔다. 비 올 때는 가끔 둘러매기도 했지만, 정말 순진한 시절이었다.

한번은 선생님이 청소 이야기를 하시다가 갑자기 화장실 이야기를 하셨다. 청소를 깨끗이 해야 한다는 이야기였는데 얼른 이해가 안 갔다. 말씀인즉슨, 미국은 화장실이 깨끗해 밥이 떨어지거나 과자가 떨어져도 주워 먹는다고 했다. 당시 우리는 수세식 화장실을 한 번도 본 적이 없었다. 방 안에 있는 화장실이라고 하셨으면 이해가 갔을 텐데, 세월이 많이 흘러서야 알게 되었다.

6학년 때 친구 한 명이 누구는 누구하고 요즘 말로 사귄다고 말했다. 나중에 선생님 귀에 들어가 그 친구는 뺨을 몇십 대 맞았다.

뺨 맞은 그 친구 말에 의하면 학교생활은 뺨 맞은 기억뿐이다고 한다. 그 당시 그게 잘못되었나? 뺨을 그렇게 많이 때릴 정도로 죄가 되나? 수업 끝나고 방과 후 집에 가려고 하는 직전에 친구 뺨을 맞고 있는 기억은 지금도 생생하다.

철도 이야기

　우리나라 남한의 철도 이야기를 요약해서 말하려고 한다. 최초의 철도 공사는 미국 회사가 허가를 받아 시작했는데, 자금이 부족해 일본이 인수해서 시작된 것이었다. 그 후로 해방이 되기까지 일본에 의해 철도가 건설되었다. 일본이 한국의 기본적인 교통망을 깔아 놓은 셈이다. 수탈을 목적으로 역사적으로 토론할 여지가 있으나, 이 글을 읽는 독자는 그냥 한 편의 수필로 보아주시면 좋겠다.

　철도가 운행된 것은 1899년 가을, 노량진에서 인천 제물포까지였다. 기차가 다니기 전에는 등짐, 조랑말, 우마차, 인력거 등이 짐을 싣는 운송 수단이었고, 사람들은 걸어 다녔다. 하루에 40킬로는 거뜬히 걸어서 다녔다. 우리 고향에서 전주 장을 보러 새벽에 일어나서 쌀을 팔려고 갈 때, 쌀 한 가마 당시 90킬로를 지게에 지고 걸어 다녔다고 한다. 1960년 이전의 이야기이다. 참 대단하다.

 한강 철교가 1900년 준공을 보았고, 경부선이 1905년, 호남선이 1914년, 서울 역사가 1925년, 충북선이 1929년, 장항선이 1931년, 전라선이 1936년, 경춘선이 1939년, 중앙선이 1942년, 국내의 유일한 협궤 열차 기찻길은 1937년에 완공된 수인선이다. 우리나라는 표준 궤이고, 러시아는 광궤다. 일본은 협궤가 많다. 방글라데시를 비롯한 동남아에도 협궤 기찻길이 많다. 해방되어 완성을 못 한 남원-순창-담양 간 공사가 중단됐다. 순창군 풍산면 대가리 섬진강 철교 다릿발과 터널이 관광지가 되어 지금도 흔적이 남아있다.

 전라선에 이야깃거리가 될 만한 특별한 역이 있어 전라선 이야기를 해 보겠다. 전라선은 1914년 이리에서 전주만 운행하는 협궤 철도였다. 1대 1914년 연초장이 있는 태평동 한옥 전주역 2대 전주역이 1929년 한옥이 세워졌다. 역전 오거리가 있는 지금의 시청 자리로 철로가 지나가 전주 시내 한가운데를 관통하게 되었다. 전주 시내로 열차가 통과할 때 양쪽 창문 넘어 한옥이 즐비하게 끝없이 이어졌다. 1931년에 남원 구간까지 전라선이 완공되었다. 3대 전주역이 1981년에 세워졌고 이것이 현재 전주역이다.

 그래서 필자가 말하고 싶은 기차역은 죽림역이다. 죽림역은

1929년에 시작되었다. 죽림역은 1931년에 전주-남원 구간이 개통되자 남관역으로 이름이 바뀌었다가, 역사 반대편에 온천이 발견되어 1999년에 죽림온천역으로 이름을 바꾼다.

  그때, 그러니까 모든 이 추억이 담긴 남관역은 산허리쯤 평지보다 높은 곳에 역사가 있었다. 높은 곳으로 열차가 산허리를 뱀이 지나가듯이 지나가야 한다. 그래서 관촌-남관-신리 구간은 속도가 정말 느렸다. 관촌역과 신리역 사이의 구간을 지날 때는 한없이 느렸다. 어른들 말씀으로는, 야간열차를 타고 징용에 끌려가다가 남관역 느린 구간을 지날 때 열차에서 뛰어내려 도망가기도 했다는 것이다. 한밤중에 산허리를 통과할 때 산으로 숨으면 누가 찾겠는가. 특히 6·25 때 의용군으로 끌려간 사람들이 자주 그랬다고 한다. 거기서 도망을 못 한 사람은 거의 살아 돌아오지 못했다. 현대사의 아픔을 많이 지닌 역이다.

  필자가 어렸을 때인 60년대 말, 70년대에 열차를 이용할 때는 남관 역의 매우 아름다운 역이었다. 내가 처음 기차 여행을 한 것은 66년도에 엄마하고 강경에 있는 큰누나 집에 갔을 때이다. 그때는 증기 기관차인지 디젤 기관차인지 모르겠다. 남관역은 봄이면 벚꽃이 만발했고, 8월 여름방학 때, 언덕 위 남관역 구간을 지날 때는 산에 이름 모를 꽃들, 칡넝쿨 같은 초목들이 가득했고, 누가 조경해 놓았듯이 많은 돌이 자연적으로 쌓여 아름답게 보였다. 신이 만들었을까 할 정도로 아름답게 쌓인 돌밭에 종종 피어 있는 원추리들은 누가 돌보지 않아도 남관역을 아름답게 수놓았다. 남관역은 오래된 벚나무와 그 옆에서 나오는 남관 약수가 유명했다. 열차 차장이 남관역 부근에 정차할 때쯤, "약수 드실 분!" 하고 방송하곤 했다. 나이 드신 어르신들은 열차가 빨리 출발할까 봐 열차에서 내리지 못하고, 대부분 젊은 사람들이 약수를 마시곤 했다. 사시사철 시원하게 물줄기가 벚나무 옆에서 나왔다. 남관역을 잘 모르는 60년대 이후 태어난 세대들은 아름다운 낭만이 있는 역으로만 기억할 것이다.

남관역 철로 옆에 사는 순이 누나의 기억을 말하고자 한다. 남관역에는 피난선이 있었다. 피난선이란, 관촌역에서 출발한 열차가 슬치 터널을 넘어오면 급경사라, 제동을 위해서나 열차의 이상 유무를 파악하기 위해서 열차가 기적 소리를 냈다. 자기들만의 신호로 열차가 기적 소리를 내면 남관역 직원이 피난선으로 열차를 유도한다. 피난선이란 산 위로 올라가는 선로이다. 열차 제동을 하지 못하면 큰 사고로 이어지므로 산 위로 열차를 유인해 브레이크 구실을 하게 하는 것이다. 열차가 멈추면 다시 후진하여 정상 궤도선으로 진행한다. 여기서 시간이 많이 허비되어 다음 역부터는 연착으로 이어진다. 그 당시 한 시간 정도의 연착은 기본이었다.

남관에서 남원 방향으로 갈 때는 오르막이다. 증기 기관차가 증기가 충분하게 나와 한 번에 지나가면 다행인데, 증기가 부족해 힘이 없으면 슬치 터널 안에서 멈춘다. 기관사들은, 열차를 출발시키기 위해서 석탄을 쉼 없이 삽으로 넣는다. 얼굴이 새까매지고 검은 연기가 굴 안으로 가득 차 열차 안 승객들도 완전히 옷은 물론 얼굴까지 검둥이가 된다. 증기 힘이 가득해 출발하면 다행인데, 그래도 동력이 약하면 전주역에서 기관차 한 대를 더 연결해서 통과한다. 관촌역이나 임실, 오수, 남원역에서 기다리는 승객은 1시간이 넘어도 열차가 오지 않으니, 지금 같으면 난리가 나겠지만 그 시절엔 으레 그러려니 했다.

열차가 남관 역에서 증기에 힘이 붙을 때까지 오래 정차하면, 젊은 청춘은 열차에서 내려 순이 누나네 집 꽃밭으로 갔다. 열차 승객들이 내려와 달리아꽃을 구경하고 하나하나 꺾어 가면 한 개도 안 남는다. 어린 순이 누나는 속상해서 울고, 가끔 사탕이나 과자를 주고 가는 좋은 아저씨들도 있었다. 어린 순이 누나가 보기에 아저씨이지, 그 당시 20대 청년들이다. 한번은 남원에서 전주로 선을 보러 어느 새색시가 부모님과 함께 맞선을 보러 기차를 이용했는데, 그날 관촌역에서 출발하여 슬지 고개 터널 한가운데에서 그만 기차가 멈추고 말았다.
한여름 창문이 열려있는 상태이다, 기차는 연기를 내뿜으며 힘을 가동해야 하므로, 기차 아저씨들은 열심히 석탄을 집어넣었다. 최고로 좁은 터널 안에서 창문을 닫아도 검은 연기가 들어왔다. 거의 한 시간가량을 검은 연기가 나는 터널 속에 있었으니 옷과 얼굴은 검둥이가 되었다. 지금처럼 씻을 데가 있는 것도 아니었다. 그때 역 화장실도 재래식이라 물도 없는 시절이어서 전주역에서 선볼 신랑이 가족과 함께 마중 나왔다가 옷도 얼굴도 검둥이가 된 이 모습을 보고 얼마나 우스웠겠는가. 손수건으로 닦기는 했어도 검은 자국이 지워지지 않고, 화장을 다시 할 수도 없고. 하여튼 우여곡절 끝에 선을 보았다. 신부가 신랑에게 "제가 얼굴이 좀 검은 편이에요." 했더니, 신랑이 속으로는 그렇게 생각하면서도 "아니에요, 춘향이보다 더 예뻐요."라고 했다는 우발사건이 벌어졌고, 나중에 사진을 보내겠다고 해서 겨우 결혼이 성사됐다는 이야기가 있다.

그 뒤로 선볼 사람이나 중요한 약속이 있는 사람은 기차 타지 말고, 버스로 다니라는 말이 떠돌았다고 한다. 당시에 전주로 통학하는 학생들이 많았는데, 임실, 남원 등에서 타는 통학 열차가 슬치 터널에 갇히면 학교를 지각하곤 했다. 그러나 기차로 인해 지각하면, 지각 명단에서 빼 주었다고 한다. 슬치 터널은 고개 정상이라, 남관역에서 남원 방면으로 갈 때도 똑같이 터널에 갇히곤 했다.

머슴 일과 세경

'머슴' 하면, 부잣집에서 노비처럼 일하는 아주 천한 직업이라 생각한다. 즉 무슨 일을 시키면 "내가 네 머슴이냐?" 한다. 내가 어린 시절에도 우리 동네엔 신분제가 아직도 남아 있었던 것 같다. 아씨가 우리 동네로 결혼해 오면 같이 따라온 아씨의 몸종이 우리 동네에서 결혼해 살았는데, 아씨도 살아 있었고 몸종도 살아 있었다. 머슴은 그 위 신분이다. 양반도 못 살면 남의 집에 머슴으로 가는 경우가 종종 있었다.

　머슴은 농경사회에 있었다. 산업화 사회에서 공장에서 일하는 것을 머슴과 비교하기도 하는데, 이건 전혀 안 맞는 것 같다. 근로기준법이 있고, 아프면 쉴 수도 있고, 일요일은 집에서 쉰다. 내 기억에 농촌의 머슴이 쉬는 날은 못 봤다. 앞집 형님댁에 머슴이 있었는데 종일 일만 하는 것을 보았다. 몸이 아파 쉬는 것을 한 번도 못 봤다. 그분은 여수 이씨 양반 아저씨였다. 머슴으로 일할 때는 주인이지만, 머슴을 그만두면 나이가 비슷하면 서로 "자네" 하면서 지냈다.

어떤 집은 항렬이 높은 사람이 머슴으로 오는 수도 있었다. 일할 때도 '아저씨'라고 불렀던 것 같다. 주인하고 나이 차이가 크게 나서 항상 주인에게는 존댓말을 했으나, 주인도 머슴이 아저씨뻘이어서 "야, 야!" 하지는 않았다. 중간 말을 사용했던 것 같다. 동생이 형에게 사용하는 말 말이다.

머슴을 오래 살아 세경을 모아 집도 사고 논도 사는 사람이 있었다. 그 당시엔 집이 지금보다 더 비쌌다. 집이 없어 곁방살이(셋방살이)하는 집도 있었다. 집이 그만큼 귀한 시절이었다. 노래 가사에도 "10여 년간 머슴살이 하도 서러워" 하는 가사도 있다. 그만큼 그 당시는 먹을 게 없어서 소작농도 못 하는 사람들이 머슴살이했다. 논 한 마지기를 쌀 20가마 내외에 팔고 사고했으니 작은 머슴도 3~5년 정도 살면 논 한 마지기는 살 수 있었다.

대부분 머슴은 같은 동네보다 다른 동네에서 오는 게 대부분이었다. 같은 동네에서 머슴을 사는 것은 자존심도 있고 해서 거의 다른 동네로 가는 것이다. 그 당시 양반 동네는 텃세도 심하여 같은 나이라도 정말 주인에게 꼼짝도 못 했다. 머슴 주제에 감히 무얼 하겠는가. 같은 또래의 주인이 막 부려도 노비처럼 말을 들어야 했다. 그래서 60년대생은 어린 시절 그런 모습을 보고 '머슴은 노비이구나' 하고 생각하는 것이다.

어떤 집은 가족 전체가 다른 동네로 이사를 하고서 머슴을 살고, 머슴의 세경 일부를 미리 월급 가불로 돈을 받듯이 쌀로 미리 받아 가족들 식량을 하고, 자식은 학교 보내고 부인은 부업으로 밭을 매러 가는 부부도 있었다. 소위 요즘 말로 치면 '반찬값 벌러 가는' 것이다. 그렇게 남편은 머슴을 살고 부인은 이 집 저 집 일을 다니면서 일을 해 아이들을 중학교, 고등학교에 보내는 사람도 있었다. 집도 있고 논 한두 마지기 있는 양반 집 자녀도 초등학교만 나오는 경우가 있었다.

어느 날 어느 집에 잘생긴 머슴이 들어왔는데, 저녁이면 하모니카를 불어 댔다. 하모니카를 너무 잘 불어, 주인집 딸이 고등학교 낭랑 18세라 둘이 사랑을 해서 연애를 했는데, 부모가 정말 혼쭐을 내고 머슴은 농사철이 지나 해고했다. 그러자, 둘이 도망가서 살림 차리고 한동안 아기 낳고, 어느 정도 클 때까지는 소식도 없었다. 친정 부모로서 아버지는 안 된다고 용서가 안 된다고 하고, 어머니는 딸이 보고 싶어 찾아보자고 늘 옥신각신하였다. 친정 부모가 환갑이 지나 칠순이 가까워져, 자식이 손주들을 데리고 오니 어쩔 수 없이 사위로 인정한 예들이 많았다.

이제 세월이 흐르고 세상도 많이 바뀌어 그런 일은 책으로 나오기도 하고 연속극 등으로 꾸며 저 이상할 게 없게 되었다.

머슴이 어린 나이에 들어와서 결혼할 나이가 되면 결혼하는 날 하루만 쉬어 주었다. 그날 결혼하고, 신혼 밤을 보내고, 다음 날 머슴 살 집으로 가고서 일을 하였다. 출퇴근이 없다. 지금의 잣대로 보면 너무 한 것 같다. 우리 동네 그분도 지금은 돌아가셨지만, 그 부인이 이런 이야기들을 생생하게 들려주었다. 그 부인은 지금도 생존해 계신다. 그분은 인생의 대부분을 머슴으로 살았는데 일찍 고인이 되시어 너무 안타깝다.

식모 이야기를 해 보자. 식모는 지금은 가정부라고 한다. 일종의 여자 머슴이다. 거의 쉬는 날 없이 집안일을 한다. 식모는 대부분 어린 나이에 온다. 학교도 못 다녀 10세에 식모로 온 예도 있었고, 보통 열두 살에서 열다섯 살이면 식모로 왔다. 월급이 없어 결혼할 때까지 일하고 결혼할 때 주인집에서 장롱 하나 하고 식을 올려주는 것이 전부이다. 머슴과 똑같이 머슴살이하고 마을을 떠나거나 식모처럼 결혼해서 마을을 떠나면 한 번도 다시 찾지를 않는 것이 보통이었다. 한번 떠나 버리면, 지금 어디서 무엇을 하고 있는지 알 수가 없었다. 고생했으니 지금쯤 잘살고 있겠지 하고 상상만 할 뿐이었다.

식모와 머슴이 같이 있는 집도 있었는데, 아주 큰 집이면 식모도 2명, 머슴도 2명 이상 되는 집이 있었다. 그래서 식모와 머슴이 나이가 비슷한 사람끼리 있으면 부부가 되는 인연도 가끔 있었다. 한번은, 어느 처녀가 타지 마을에서 식모로 들어와 일하고 있었는데, 옆집 잘 사는 양반집 아들이 그녀를 좋아했다. 양반집 아들은 서울에서 학교에 다녀 신분제 같은 것은 생각지 않았기에 둘은 거리낌 없이 연애하였다. 둘이 좋아하고 결혼한다고 하니, 식모 쪽 집에서는 상대가 양반집이고 부잣집이어서 좋아했는데, 신랑 측 집에서는 반대가 이만저만이 아니었다. 또 식모가 살던 주인집에서도 반가워하지 않았다. 신랑 될 남자가 본인 자식은 아니었지만, 둘이 결혼하게 되면 그동안 하찮게 여겼던 식모가 항렬이 높은 같은 집안에 들어오게 되었기 때문이다. 그러면 자기 집에서 식모로 일했던 처녀를 위로 모셔야 했다.

머슴의 세경에 관해서 이야기해 보자. 머슴의 세경, 즉 머슴의 보수는 머슴 될 아이의 나이가 10대 후반 정도로 어리면 1년에 쌀 세 가마 정도를 주었다. 머슴의 나이가 있고 하면 보통 다섯 가마에서 여덟 가마 사이고, 어떤 사람은 열 가마를 받는 사람도 있었다. 이런 사람은 상머슴이라고 하였고, 열 가마 받는 머슴도 내가 한 사람 보기는 했지만, 보통 이런 사람은 거의 없었다. 최근에 들은 이야기인데, 우리 옆 동네에 사는 후배 아버지는 1년에 열두 가마를 받았다고 한다. 처음 듣는 이야기여서 캐물었더니, 그분은 키가 180센티 정도였고, 몸집이 좋아 일을 두 몫 정도는 했다고 한다. 나뭇짐도 일반 사람의 두 배 정도 컸다고 하니 이해가 갔다. 열두 가마 받는 머슴이 우리 주위에는 없었다. 지금 쌀값으로 따지면 일 년에 쉬는 날도 없이 일하고 240만 원 받는 셈이다. 한 달에 20만 원이다.

　머슴이 가까운 데 살면, 부인이 육아를 하고 남의 일을 해서 꾸려나가고, 머슴의 세경은 전부 저축이 된다. 그런데 이런 경우는 극히 일부분이었고, 대부분은 식량이 없어 세경에서 미리 돈을 받아 집식구 식량으로 반 이상이 미리 나갔다. 나중에 남는 세경이 얼마 안 되었다. 우리가 아는 사람 중에도 그런 사람이 종종 있었는데, 정말 그런 사람들은 힘든 세상을 살았다. 나라가 가난했으니까 말이다. 지금도 그렇지만 있는 집은 많이 있고 없는 집은 가난할 수밖에 없는 경제 구조이다, 뼈 빠지게 일해야 미리미리 돈을 받아서 먹으면 남는 것이 없고 겨우 밥만 먹고 살 수 있는 구조였다.

　그리고, 내가 기억하는 분 중에 머슴 일을 했던 분이나 산지기를 했던 분들은 거의 50대에서 60대를 넘기지 못하고 운명하셨다. 그분들하고 나이가 같은 잘 사는 집사람들은 그때도 70대 말이나 80대 초까지 잘 살아 계셨다. 내 어렸던 시절 그 시대를 같이 겪은 한 사람으로서 그분들을 생각하면 가슴이 아프다. 지금은 하늘나라에 가서 차별 없는 좋은 곳에서 살고 계실 것이라 믿는다.

6-70년대의 야한 노래들

지금은 야동 본다고 하지만 60~70년대는 야한 노래를 불렀다. 다른 것이 있다면 야동은 몰래 혼자 보지만 노래는 여럿이 모여도 걸어가면서도 함께 불렀다.

60년대생까지는 어린 시절은 몰랐어도 군대에 가서는 이런 야한 노래의 가사들을 들어봤으리라 믿는다. 작시 미상, 작곡 미상, 악보 없는 곡이다. 가장 많이 불렀던 곡은 "대령, 중령, 소령은 호텔 방으로 / 대위, 중위, 소위는 여관방으로 / 상사, 중사, 하사는 여인숙으로"라는 노래이다. 불쌍하다.

"일이 상병 막사에 마룻바닥에, 뽕 짜리 라랄 뽕 짜리 라랄" 또는 "야야"를 반복하면서 하는 노래이다. 더 야하게 가사를 바꾸어서 부르는 사람도 더러 있다. 내 기억으로는 더 야해서 차마 쓸 수가 없다. 후세 사람들이 알아서 상상하기 바란다. 그 이전 세대 노래는 70년대까지 이어졌는데 시대와 사회 풍자 노래들이다.

지나가는 아가씨 붙잡아 놓고 자세한 이야기를 들려줬더니 얼굴을 붉히면서 돌아서더라는 것이다. 그 노래 가사는, "한 번만 더 합시다 / 아니 됩니다 / 만약에 삐악 새끼 생긴다면은 / 당신은 책임 없는 군인이고 / 나는야 말 못 하는 아가씨예요 / 뽕뽕 짜리 라랄 뽕 짜리 라랄" 또는 "야야"

이런 노래가, 누가 작사하고 작곡했는지는 모르지만, 구전으로 젊은이들에게 이어져 왔다. 어른들은 잘 모르는 노래이다. 30년대생, 40년대생도 알지를 못한다. 50년대생들이 잘 알고 있는 노래이다. 70년대 초반에 나온 유행가 노래가 있었다. 나중에 알고 보니 '천생연분'이라는 노래였다. 그 노래를 개사해서 이렇게 야하게 불렀다.

"왕십리 외동딸 콩나물 장사 / 충청도 연표 총각 고물 장사(원 가사: 외동딸 어물 장사) / 둘은 어쩌다 좋아졌다나 / 둘은 어쩌다 뭐 했다나 / 잘 만났네! 잘 만났어 / 천생연분 잘 만났어."

선배들이 많이 불렀던 노래이다. 63년대생 경상도 섬에 사는 사람에게 물어보니 거기도 똑같이 선배들이 불렀다고, 전국이 문화가 같다고 한다.

"인천에 성냥공장 성냥 아가씨 / 하루에 한 갑 두 갑 낱개 12갑 / 치마 속에 넣고 정문을 나설 때 / 치마 속에 불이 붙어 치마가 다 탔네 / 인천에 성냥공장 아가씨는~~~."

이 노래도 우리 위 세대에서 많이 불렀다. 그 당시 농촌은 한국의 산업화 이전이라서 젊은 청년들이 많았다. 자유연애도 못 하는 시절이었고, 전기는 안 들어와도 라디오나 장에 가서 영화를 가끔 보던 시절이어서 읍면 단위에도 영화관이 있었다. 정말 문화생활이라는 게 극장에서 영화 보는 일이 유일하였다. 그것도 흑백 영화였다. 색채로는 70년대에 바뀌었지만, 유교 문화에서 누구를 사랑할 수도 없었고, 사랑하는 대상을 오로지 가슴 속에만 넣어 두었지, 어디에 하소연할 수도 없었다. 한창 정력이 왕성한 젊은이들이 발설할 데가 없으니 노래로 대신에 했나 보다. 정말 그 시절, 산업화 이전에 우리에게 꿈이 있었나 싶다. 시골 마을에 농토는 한계가 있었고, 인구는 늘어나고, 마을 안에서 한정된 땅에서 서로 사고팔아도 더 땅은 늘어나지 않는다.

그 당시 60년 전에는 서울도 그랬다. 공장도 없고 초등학교만 졸업하고 집안일을 거들 거나, 여자들은 결혼할 때까지 집에서만 있었다. 시골에서는 라디오 방송 외에 바깥세상 구경이 읍, 면 소재지나 장날 장에 가는 것이 유일한 구경거리였다. 장에서 새로운 소식을 들으면 거짓말을 넣어서 말하기도 했다. 집에 라디오가 있는 집도 몇 안 될 때이다. 유교 문화권에 자유로운 문화가 밀려 들어오던 때이다. 그 당시에 고등학교를 졸업한 청년들이 일부 있었다. 취직할 때도 없고 시골에서 있을 때이다. 한참 젊은이들을 조선 시대 유교 문화로 가두어 놓으니 이런 노래들이 나오지 않았나 생각한다. 한국 현대 발전사의 한 대목이라 할 수 있겠다.

UFO 에피소드

형은 내가 초등학교 2학년 때 중학교에 입학했다. 우리 친구들은 맏아들이 많아 중학교에 다니는 형이 없었다. 형은 학교에서 선생님들에게 들은 이야기를 집에 와서 그대로 나에게 전해주곤 했다. 그래서, 나는 형 때문에 우리 친구들보다 조금 더 정보나 신문화에 빠른 편이었다. 형은 중학교에 들어가서 배운 교가를 집에 와서 외우곤 했다. 그래서 나도 옆에서 듣고, 지금 그 교가를 외워 부를 수 있다. 그 중학교를 졸업한 우리 친구들은 이젠 오랜 세월이 지나 그 가사가 기억이 안 난다고 한다.

다음 이야기는 형이 했던 것을 그대로 옮긴 것인데, 지금은 이해하지만, 그땐 잘 이해가 안 되었다. 한번은 형이 비행접시, 즉

유에프오(UFO) 이야기를 해줬다. 그것은 접시 모양으로 생긴 접시 비행기라고 했다. 유에프오(UFO)라는 말은 미확인 비행물체(unidentified flying object)라는 뜻이다. 접시처럼 생긴 작은 물체가 빠르게 움직였다가 사라진다고 했다.

나는 여기서 새삼스럽게 UFO 이야기를 하려는 게 아니라, 그와 관련된 다른 문제를 지적하고 싶어 이 글을 쓴다. 중학교 과학 선생님은, UFO는 갑자기 나타났다가 빠르게 사라지는 접시 비행기라고 하셨다. 그리고 이 이야기가 더 부풀어졌는지, 아니면 와전되었는지는 모르지만, 접시 비행기는 눈 깜짝할 사이에 미국에 간다고 들었다. 그 말을 듣고 학교에 가면서 내가 이 이야기를 했는데, 며칠도 안 되어 모두 나더러 "말도 안 되는 소리! 그 선생님이나 아들까지 부앙쟁이(부풀려 이야기하는 사람)야."라고 하는 것이었다. 그래서, 시골 작은 학교이지만 전교생이 선생님까지 이 사실을 모르는 사람이 없을 정도였다. 졸업할 때까지 두고두고 나는 이 말을 들어야 했다. 나중에 80년대에 들어와서 우리나라에서도 UFO 이야기가 방송이나 뉴스에 나왔다. 모르긴 몰라도, 아마 그때야 모두 뉴스나 신문에 나오는, 빠르게 나타났다가 사라지는 이 접시 모양의 물체가 바로 접시 비행기로구나 하고 이해하게 되었을 것이다. 그래서, 그때 우리 선생님이, UFO에 관해 좀 더 공부해서 더 정확한 정보를 알려 줄 수 있었다면 그런 말을 안 들었을 텐데 하는 아쉬움이 들었었다.

한번은 초저녁 잠결에, 아버지하고 친구분이 황소가 새끼 낳는다고 말씀하시는 걸 얼핏 들었던 것 같다. 소가 새끼 낳는 이야기를 하셨는데, 황소가 없어서 새끼가 없다고 하시는 것 같았다. 그래서 황소를 구해야 한다고 하셨다. 나는 나중에 친구들에게 이 이야기를, 아무것도 모르고 황소가 새끼 낳는다고 했다가 두고두고 또 거짓말쟁이라는 말을 들은 적이 있다.

　수탉이 알을 낳는다. 이것은 지금도 이해가 안 가는 이야기다. 꼬마 시절, 우리 집에서는 알둥우리(달걀 낳는 둥지)를 짚으로 만들어 뒤꼍(집 뒤) 시렁에 매달아 놓았었다. 거기에 닭이 올라가서 알을 낳는다. 두 번을 보았는데, 한번은 수탉이 둥지 안에 들어가 있어서 "왜 수탉이 들어가 있어?" 하고 중얼거리자, 수탉이 내 말을 알아들었는지 후다닥 내려가 버렸다. 그래서 안을 들여다보니 작을 알이 있었다. 일반 달걀보다 작았다. 이런 일을 두 번이나 겪었다. 그때 나는 '수탉도 알을 낳네!' 하고 생각했다. 친구들에게 또 "수탉이 알을 낳는다!"라고 했더니 "거짓말이야!"라고 핀잔을 줬다. 그때도 그랬지만 그렇게 많이 놀려 대지는 않았다.

　지금은 고인이 된 선배가 자기도 수탉이 둥지 안에 들어가 있는 것을 보고 달걀도 봤다면서 내 말에 맞장구를 쳐줘, 그때는 그렇게 넘어갔다. 하지만, 실제로 어떻게 수탉이 알을 낳겠는가? 암탉이 조그만 알을 낳아 놓고 나간 사이에 수탉이 둥지에 들어간 것이다. 그 순간 꼬마인 내가 봤었고, 그것은 우연의 일치였다. 이런 일들 때문에 나는 학교 졸업할 때까지 그런 말을 들었던 것 같다. 지금 생각해 보면 다 맞는 이야기이다. 그 시절엔 왜 친구들이 그렇게 나보고 그런 말을 했는지, 이 책이 출간되면, 한 권씩 나눠 주고 다시 한번 물어봐야겠다고 생각한다….

아버지 생존해 있을 때는 오골계가 좋다고 하여 충남 논산시 연산면에서 오골계 병아리를 몇 마리 사 온 일이 있다. 여름 날씨라 더워서 죽을까 봐 뒷좌석에 모시고 왔다. 1년 후에 오골계 병아리는 어른 오골계가 되어 열 마리 정도가 되었다. 모든 닭 종류는 어떤 색이든지 병아리 때는 노란색이다. 오골계만 아니다. 병아리가 나올 때부터 검은색이다. 나도 그때 처음 알았다. 우리 아들이 여섯 살 되었을 때, 시골집에 방문했는데 그때 아들이 혼자 "선생님이 병아리는 노란색이라 했는데, 까맣네!" 하고 중얼거리는 소리를 들었다.

우리 아들도 그때 유치원에 가서 "병아리는 까만색이야." 했으면 아마 나처럼 '부앙쟁이(거짓말쟁이)'라는 말을 듣고 놀림을 받겠지 하는 생각이 언뜻 들었다. 위와 이치가 똑같은 이야기다. 그래서 지금도 나는 생각한다. 유치원생이 병아리를 검은색으로 그렸다고 해도 틀렸다고 야단치면 안 된다.

개나리나 진달래는 봄에 핀다고 배웠지만, 11월 날씨가 따뜻하면 핀다. 지금 주위에 종종 보이는 것이 다 자연의 섭리를 인간이 정할 수 있을까?

초가집 살림살이

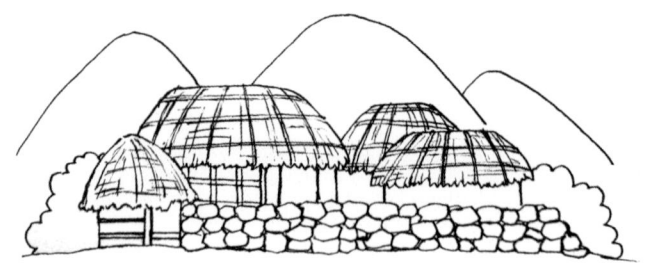

새마을운동 이전 농촌집은 거의 다 초가집이었다. 오래된 마을은 기와집이 몇 집 정도이고 나머지는 초가집이나 초가집도 등급이 있으나, 여기는 초가집으로 통일한다.

기와지붕은 조선 시대 기와나 일본식 기와는 수명이 100년 이상 된다. 기와는 조선 시대 기와는 흙 기와 두 겹 밭고랑처럼 지붕을 만든다. 가마로 굽은 기와라 오래 간다. 같은 기와인데 일본식 기와 단견으로 흙 기와인데 모양이 지금 시멘트로 만든 기와와 같다.

농촌에 기와집은 있으면 지붕 기와를 보고 그 집 건축 연도를 대충 알 수 있다. 조선 시대 기와는 최소한 200년 되었고 단견 일본식 기와는 100년 정도이다.

새마을운동 기와집은 시멘트 기와이다. 완전 수동 기와 정지나무 밑에 천막을 치고 만들었다. 나도 한번 옆에서 보고 한두 장 만든 기억이 있다.

기와집 처마에 참새들이 살고 고드름이 달리면 일정한 크기이다. 높아서 따먹기도 힘들다.

초가집 처마에 고드름은 두 가지다. 지붕을 가을에 새 짚으로 덮으면 고드름은 수정막대기처럼 보기가 좋다. 꼬마들을 얼음과 자다. 기와집 처마는 일정하나 초가집은 지붕이 짚 날개이다. 일정하지를 않다 약간 길게 나온 처마 끝 짚에 매달린 고드름을 따는 것이다. 키가 작아도 무거운 고드름이 달리면 처마 끝이 늘어진다. 아이들 키가 작아도 몇 개는 딸 수 있다. 오래된 지붕은 고드름이 짚 새기 썩을 물이 들어 옅은 밤색이다. 이 고드름은 안 먹는다.

기와집보다 초가집 지붕에 고드름이 더 많이 달린다. 지푸라기 하나하나 달린다. 초가집은 날개를 엮어서는 다 가을일 끝나고 몇 날을 짚 날개를 엮는다. 그 당시 짚은 시골에서 필수품이었다. 가정용 그릇 농사짓는 그릇 모두 다 짚으로 만들었다.

지금도 가장 예술품처럼 생각이 드는 것은 초가지붕 맨 꼭대기 용머리 만드는 것이다. 짚으로 만들면 정말 용 같다. 짚으로 만드는 예술작품이다. 날개는 몇 번 옆에서 보면 만들 수 있는데 용머리는 아무나 만드는 게 아니다. 고도에 기술이 필요하다. 우리 동네에서 광제정 아저씨가 잘 만들었는데 아저씨는 손재주가 좋았다. 기와도 지붕도 하실 줄 알고 키도 크시고 인물도 좋았는데 말씀까지 잘하셨다. 옛날이야기를 정말 잘하셨다. 우리 집 지붕을 할 때면 항상 아저씨가 오셨다. 모든 것이 전문가는 아니어도, 농촌에서 꼭 필요한 부분은 다 할 줄 아는 아저씨. 용머리도 잘 만드신 분으로 당시 마을에서 없으면 안 될 인물로 기억한다.

초가집의 장판은 지금은 나무나 모노륨으로 하지만 나왕나무 가루로 합판을 만들어 8x8자 방에 깔았다. 그 이전은 우리 집 작은방에 대나무로 바구니처럼 만든 거의 연한 초콜릿색이었다. 방바닥이 매끄럽지 않다. 물 마시다 물이라도 엎지르면 잘 마르지 않고 청소도 잘되지 않는 매트이다.

우리 집은 학교 들어가기 전, 큰형이 노란 나왕 나무 장판을 안방에 깔아 깨끗하고 오랜 시간 사용해도 항상 새것처럼 보였다. 큰형이 어디서 구해왔는지 지금은 알 수 없고 어린 시절 나왕 나무 장판이다. 어른들께 들었다.

그 후 2년 정도 우리 집 것하고 모양이 비슷하게 새겼는데 검정끼를 띤 진회색이다. 장판은 수명이 오래 가지 않았다. 부잣집 방은 한지에 들기름을 먹인 노란 색 예쁜 종이 장판이 다 질기고 오래 간다.

70년대에는 얇은 비닐 장판이 유행했다. 오래된 장판을 걷어내고 비닐 색이 여러 가지 장에서 종이 말듯이 말아서 구입하고 가

위로 크기를 잘라 깐다. 정말 편리하다. 물도 스며들지 않고 걸레로 닦아도 잘 닦여 방 청소하기도 좋다.

동계면 어느 마을은 오막살 초가집 낮아서 세배하러 갈 때 고개를 숙이고 들어가고 장판도 대나무와 짚으로 엮어서 사용했다. 그 와중에 아이들은 많았다니 아이들이 서로 부대꼈다고 한다. 최근에야 집을 새로 건축했다 한다.

초가집 부엌 찬장이 없고 살강이라 했다. 살강은 지금 신발장 같다. 가운데 판이 대나무로 엮어 놓아 그릇을 설거지하고 올려놓으면 대나무 사이 사이로 물이 빠지고 그릇이 공기가 통하고 마른다. 우리 또래도 기억이 있는 사람 없는 사람 50:50이다.

어린 시절 기억으로 놋쇠 밥그릇과 국그릇은 식구 수마다 세트로 있다. 우리 집은 일곱 개가 세트로 있었다. 여름에는 사기그릇을 사용한다.

밥그릇은 지금 밥그릇과 비교하면 안 된다. 너무 크다. 그 당시 꼬마 밥그릇이 지금 어른 밥그릇보다 더 크다. 그 큰 밥그릇 가득 채우고 그 위로 더 올린다. 그 한 그릇이면 지금 한 가정 하루 먹는 양이다.

놋그릇은 일 년에 한 번씩 광을 내는데 흙 기와를 밀가루처럼 가루를 만들어 닦았다. 70년대는 광내는 약이 나오고 스테인리스스틸 그릇이 나왔다. 놋그릇과 일대일 교환이 있었다. 놋그릇 사용한 집은 점차 사라지고 스테인리스스틸로 바뀌었다.

열차와 버스

꼬마 시절 자동차 구경하기가 어려웠다. 우리 마을은 전북 여객 대표이사 회장님 고향이며 그 부모님이 생존해 계실 때이다. 자동차가 마을에 자주 들어왔다.

버스는 구경하기 어렵고 학교 입학 전 장수군 장계면 장계리에 큰형이 두부 공장을 하여 엄마하고 몇 번 다녀왔다. 버스를 타고 지사면 지나 산서로 간다. 산서면은 행정구역은 장수군이다. 우리 선배들은 중학교 오수로 다녔다. 엉뚱한 이야기지만 산서면은 남원이나 임실군에 속해야 하나 일제강점기에 누가 행정을 나누었나 알 수 없지만, 장수를 가려면 큰 산 넘어서 가야 한다. 임실이나 남원은 평지이다. 모든 사람이 한마디씩 한다. 잘못되었다고.

산서부터 비행기재(높은 고개)가 시작된다. 산허리로 구불구불

길이 도로가 포장되고 위험한 곳을 조금씩 수정했지만 지금도 험하고 위험하다. 눈 많이 내리면 차는 다니기가 힘들다.

　60년대 중반 비포장 길 사고가 자주 나서 위험하기도 하지만, 더 힘든 것은 구불구불 비포장 비가 오면 도로 유실 방지 차원 자갈을 깔아 놓아 흔들리면서 가는데 으드득 소리가 나면서 차가 뛴다. 30% 정도 사람들이 멀미한다. 구토하는 사람이 종종 있다.

　여름에 더워도 문도 열 수가 없다. 흙먼지 날아와 차가 먼지로 둘러 씌워졌다. 그 당시 운전사는 대단한 슈퍼맨이다. 겨울 눈이 내리는데 오수에서 장수로 가는 길은 오르막길이 많고 장수에서 오수로 오는 길은 내리막길이 더 길다. 함박눈이 와 중간에서 버스가 멈추었다. 젊은 승객과 기사 아저씨 삶과 싸리비를 가지고 내린다. 30분 이상을 밖에서 일하더니 차가 출발했다. 무슨 일이 있냐고 엄마가 물었는데 눈을 쓸었다고 했다. 비탈길이라 눈이 많이 와 가장자리가 안 보였나 알 수 없다. 눈 오는 겨울 낮에도 운전하기가 어려운데 밤에는 운전을 어떻게 했을까, 상상만 해도 끔찍하다. 나는 버스 탈 때는 항상 멀미가 나고 토를 했다. 다행히 정류장에 도착해서 토할 때가 많았다.

　오수에서 임실을 다닐 때 70년대 초까지 도로가 말티재로 나 있어 차가 다녔다. 여기도 꼬불꼬불 자동차 사고가 자주 났다. 차가 낭떠러지로 떨어졌다고 종종 사고 소식이 들린다. 병풍처럼 생긴 산허리를 휘휘 돌아가고 돌아오고 한다.

　임실에서 말티재 끝자락부터 마을까지 도로가 일직선이다. 기차

길 다리 밑으로 길이 나 있다. 양쪽에 심은 포플러가 여름에 푸르고 푸른 초록 잎새가 도로에 먼지가 쌓여 누런색이다. 정말 흙먼지가 뿌옇게 하늘로 올라가 잎새에 붙는다. 학생들이 자전거 타고 달릴 때 버스가 지나가면 먼지 때문에 한참을 멈추고 길을 간다.

사람 왕래가 잦은 중심마을은 정류소 점방에서 풀빵을 구워서 파는데, 먼지를 조금이라도 줄이려고 아무리 잘해도 버스가 정차하면 먼지가 뽀얗다. 풀빵에 먼지가 많다고 해도 엄마가 사 주면 맛있게 먹었다.

내가 타고 여행할 때는 기차는 완행 특급 우등 관광호, 새마을호 등이 있었다.

우리 전라선에 완행열차 특급열차 두 종류 기차가 사람들이 많이 이용한 열차다. 두 등급 열차가 거의 다였다. 완행은 역마다 정차하고 특급은 몇 개역을 건너뛰며 정차한다. 서민들과 젊은 사람들 낭만 열차가 완행이다. 시골 단선 역에서 시골장이 되면 장꾼으로 짐으로 열차 안이 가득하고 이른 봄 농사가 시작되기 전, 서울행 저녁 완행열차는 자식 보러가거나 구경 가는 사람들로 인산인해를 이룬다.

내가 꼬마 때 열차 안에서 팔던 삼각형으로 포장된 땅콩… 그리고 구두닦이 형들, 그 당시 열차 내에 호객 행위가 생각난다.

80년대 초 저녁때 기차를 타고 다음 날 이른 아침에 용산역에 도착한다. 어르신들 관광객들로 먹을 것을 여러 가지를 하여 작은 썩짝에(대나무 그릇) 싸서 열차에 타고 서울로 10시간 동안 갔다.

  자녀 집 방문, 가는 김에 서울 구경 등 오래간만에 만나는 부푼 꿈을 안고 맛있는 것 먹으며 간다. 70년대 완행열차는 좌석번호가 없이 빈자리에 가서 앉았지만 80년 초부터 좌석번호가 생겼다. 입석으로 타는 사람이 힘들면 교대도 해주고 정이 있던 시절이다.

  우리 동네는 완행은 서도역 특급은 오수였을 이용했다. 서도역은 작은 역이라 완행만 정차했다.

  여름이 되면 서도역은 삼계석문 놀러 온 젊은이들 천국이다. 기타 치며 노래 부르고 50~60년대 초생들이 정말 낭만 있게 다녔다. 그 당시 어른들은 열차 내에서 노래 부르는 젊은 사람에게 시끄럽다고 거의 하지 않았다. 지금은 영화 속에서나 보지만 그 시절엔 다 그랬다.

  완행 비둘기호 / 특급 통일호 / 우등 무궁화호 / 관광호 / 새마을호

  관광호 전라선은 운행하지 않았다.

세월의 추억

이강국 지음

발행처	도서출판 **청어**
발행인	이영철
영업	이동호
홍보	천성래
기획	육재섭
편집	이설빈
디자인	이수빈 | 구유림
인쇄	정우인쇄

등록 1999년 5월 3일
       (제321-3210000251001999000063호)

1판 1쇄 발행 2025년 9월 20일

주소 서울특별시 서초구 남부순환로 364길 8-15 동일빌딩 2층
대표전화 02-586-0477
팩시밀리 0303-0942-0478
홈페이지 www.chungeobook.com
E-mail ppi20@hanmail.net

ISBN 979-11-6855-381-1(03810)

이 책의 저작권은 저자와 도서출판 청어에 있습니다.
무단 전재 및 복제를 금합니다.